# Passover Haggadah

## Yom Tov

**ISBN:** 9798316653089

**Copyright © 2025**
All rights reserved; no parts of this book may be reproduced
 or transmitted in any form or by any means, electronic or mechanical,
including photocopying, recording, taping, or by any information
retrieval system, without the permission, in writing, of the author.

May this Festival of Spring bring renewal, joy, and freedom,
The freedom to choose, to dream, and to fill your heart with light.

Wishing you a holiday full of love, warmth, and togetherness,
And may your path always be open to happiness and blessings!

Happy Passover

# The Passover Seder's 15 Steps

### *Kadesh*
### Kiddush
Blessing the wine at the start of the meal

### *Urhatz*
### Wash
Washing before eating the vegetable

### *Karpas*
### Spring vegetable
Eating the green vegetable

### *Yahatz*
### Divide
Breaking the middle matzah

### *Magid*
### Narrate
Retelling the Passover story

### *Rohtza*
### Wash
Washing hands before meal

### *Motzi*
### Matzah
Eating the matzah

### *Maror*
### Bitter Herbs
Eating bitter herbs

### *Korekh*
### Hillel Sandwich
Eating the Hillel sandwich

### *Shulhan Orekh*
### Meal
Eating the festival meal

### *Tzafun*
Eating the Afikoman

### *Barekh*
### Grace After Meals
Grace after meal

### *Hallel*
### Psalms of Praise
Singing holiday songs

### *Nirtzah*
### Conclusion
Next Year in Jerusalem

# Kadesh

Holding the cup of wine in one's right hand, recite:
Blessed are You, Lord our God, King of the Universe,
who creates the fruit of the vine.
Baruch Atah Ado-nai Elo-heinu Melech Ha-olam
Boreh Pree Ha-ga-fen.
We thank you God for giving us the gift of Festivals for joy and holidays
for happiness, among them this day of Passover, the festival of our liberation,
a day of sacred assembly recalling the Exodus from Egypt.
The Blessing of Shecheyanu is recited at this point
Blessed are You, Lord our God, King of the universe, who has kept us
in life, sustained us, and enabled us to reach this season.
Baruch Atah Ado-nai, Elo-heinu Melech Ha-olam, She-heche-yanu,
V'kiye-manu Vehigi-yanu La-z'man Ha-zeh.
The first cup of wine is drunk, and the cup is refilled.

First Ritual Hand-Washing

# Urchatz

Pour water from a cup once on each hand over a sink or basin without reciting
a blessing, in preparation to eat the parsley dipped in salt water.

Dipping Parsley in Salt Water

# Karpas

Parsley (or any other vegetable such as celery or potato) is dipped in salt
water and then eaten. The parsley symbolizes both the humble origins of the
Jewish people as well as the rebirth of spring, which is starting now. (In
Eastern Europe, where green vegetables were not common, a potato was
used instead). The salt water symbolizes the tears shed during our slavery.
Before eating the vegetable, recite the following blessing:
Blessed are You, Lord our God, King of the Universe, who creates the

# קַדֵּשׁ

*בְּשַׁבָּת אוֹמְרִים:*

וַיְהִי עֶרֶב וַיְהִי בֹקֶר יוֹם הַשִּׁשִּׁי. וַיְכֻלּוּ הַשָּׁמַיִם וְהָאָרֶץ וְכָל צְבָאָם.

וַיְכַל אֱלֹהִים בַּיּוֹם הַשְּׁבִיעִי מְלַאכְתּוֹ אֲשֶׁר עָשָׂה וַיִּשְׁבֹּת בַּיּוֹם הַשְּׁבִיעִי מִכָּל מְלַאכְתּוֹ אֲשֶׁר עָשָׂה. וַיְבָרֶךְ אֱלֹהִים אֶת יוֹם הַשְּׁבִיעִי וַיְקַדֵּשׁ אוֹתוֹ כִּי בוֹ שָׁבַת מִכָּל מְלַאכְתּוֹ אֲשֶׁר בָּרָא אֱלֹהִים לַעֲשׂוֹת.

*בְּחוֹל מַתְחִילִין:*

סַבְרִי מָרָנָן וְרַבָּנָן וְרַבּוֹתַי

**בָּרוּךְ אַתָּה יְיָ אֱלֹהֵינוּ מֶלֶךְ הָעוֹלָם בּוֹרֵא פְּרִי הַגָּפֶן.**

בָּרוּךְ אַתָּה יְיָ אֱלֹהֵינוּ מֶלֶךְ הָעוֹלָם, אֲשֶׁר בָּחַר בָּנוּ מִכָּל עָם וְרוֹמְמָנוּ מִכָּל לָשׁוֹן וְקִדְּשָׁנוּ בְּמִצְוֹתָיו. וַתִּתֶּן לָנוּ יְיָ אֱלֹהֵינוּ בְּאַהֲבָה (בְּשַׁבָּת: שַׁבָּתוֹת לִמְנוּחָה ו)מוֹעֲדִים לְשִׂמְחָה, חַגִּים וּזְמַנִּים לְשָׂשׂוֹן, אֶת יוֹם (הַשַּׁבָּת הַזֶּה וְאֶת יוֹם) חַג הַמַּצּוֹת הַזֶּה, זְמַן חֵרוּתֵנוּ (בְּאַהֲבָה), מִקְרָא קֹדֶשׁ, זֵכֶר לִיצִיאַת מִצְרָיִם. כִּי בָנוּ בָחַרְתָּ וְאוֹתָנוּ קִדַּשְׁתָּ מִכָּל הָעַמִּים, (וְשַׁבָּת) וּמוֹעֲדֵי קָדְשֶׁךָ (בְּאַהֲבָה וּבְרָצוֹן,) בְּשִׂמְחָה וּבְשָׂשׂוֹן הִנְחַלְתָּנוּ. בָּרוּךְ אַתָּה יְיָ, מְקַדֵּשׁ (הַשַּׁבָּת וְ)יִשְׂרָאֵל וְהַזְּמַנִּים.

*בְּמוֹצָאֵי שַׁבָּת מוֹסִיפִין:*

בָּרוּךְ אַתָּה יְיָ אֱלֹהֵינוּ מֶלֶךְ הָעוֹלָם, בּוֹרֵא מְאוֹרֵי הָאֵשׁ.

בָּרוּךְ אַתָּה יְיָ אֱלֹהֵינוּ מֶלֶךְ הָעוֹלָם הַמַּבְדִּיל בֵּין קֹדֶשׁ לְחֹל, בֵּין אוֹר לְחֹשֶׁךְ, בֵּין יִשְׂרָאֵל לָעַמִּים, בֵּין יוֹם הַשְּׁבִיעִי לְשֵׁשֶׁת יְמֵי הַמַּעֲשֶׂה. בֵּין קְדֻשַּׁת שַׁבָּת לִקְדֻשַּׁת יוֹם טוֹב הִבְדַּלְתָּ, וְאֶת יוֹם הַשְּׁבִיעִי מִשֵּׁשֶׁת יְמֵי הַמַּעֲשֶׂה קִדַּשְׁתָּ. הִבְדַּלְתָּ וְקִדַּשְׁתָּ אֶת עַמְּךָ יִשְׂרָאֵל בִּקְדֻשָּׁתֶךָ. בָּרוּךְ אַתָּה יְיָ הַמַּבְדִּיל בֵּין קֹדֶשׁ לְקֹדֶשׁ.

בָּרוּךְ אַתָּה יְיָ אֱלֹהֵינוּ מֶלֶךְ הָעוֹלָם, שֶׁהֶחֱיָנוּ וְקִיְּמָנוּ וְהִגִּיעָנוּ לַזְּמַן הַזֶּה.

***שׁוֹתֶה רֹב כּוֹס הַיַּיִן בְּהַסָּבָה.***

# וּרְחַץ

***נוֹטְלִין אֶת הַיָּדַיִם וְאֵין מְבָרְכִין "עַל נְטִילַת יָדַיִם".***

# כַּרְפַּס

***טוֹבְלִין כַּרְפַּס פָּחוֹת מִכְּזַיִת בְּמֵי מֶלַח, וּמְבָרְכִין:***

בָּרוּךְ אַתָּה יְיָ אֱלֹהֵינוּ מֶלֶךְ הָעוֹלָם, בּוֹרֵא פְּרִי הָאֲדָמָה.

# יַחַץ

***בַּעַל הַבַּיִת יִבְצַע אֶת הַמַּצָּה הָאֶמְצָעִית לִשְׁתַּיִם וּמַצְפִּין אֶת הַחֵצִי הַגָּדוֹל לַאֲפִיקוֹמָן***

fruit of the earth.

Baruch Atah Adonai Elo-heinu Melech Haolam Boreh Pree Ha'adamah.

Breaking the Middle Matzah

# Yachatz

The middle matzah on the plate is broken in half. One half is put back with the stack; the other half is placed in a napkin (or special holder) and designated the Afikomen (the dessert) and put aside. It is traditional in some homes to hide the afikomen now for children to find before it is eaten after the meal, or for children to "steal" the Afikomen and "hold it ransom."

The Telling of the Story of Passover

# Maggid

Before asking the Four Questions, recite:

There arose in Egypt a Pharaoh who knew not of the good deeds that Joseph had done for that country. Thus he enslaved the Jews and made their lives harsh through servitude and humiliation. This is the basis for the Passover holiday which we commemorate with these different rituals tonight.

# The Four Questions

The youngest child (or any individual) asks (or sings):

Why is this night different from all other nights

# Ma nishtanah ha-lailah ha-zeh mi-kol ha-leilot

1. On all other nights we eat either bread or matzah; on this night, why only matzah
2. On all other nights we eat herbs or vegetables of any kind; on this night why bitter herbs
3. On all other nights we do not dip even once; on this night why do we dip twice
4. On all other nights we eat our meals in any manner; on this night

# מַגִּיד

*מְגַלֶּה אֶת הַמַּצּוֹת, מַגְבִּיהַ אֶת הַקְּעָרָה וְאוֹמֵר בְּקוֹל רָם:*

הָא לַחְמָא עַנְיָא דִּי אֲכָלוּ אַבְהָתָנָא בְּאַרְעָא דְמִצְרָיִם. כָּל דִכְפִין יֵיתֵי וְיֵיכֹל, כָּל דִצְרִיךְ יֵיתֵי וְיִפְסַח. הָשַׁתָּא הָכָא, לְשָׁנָה הַבָּאָה בְּאַרְעָא דְיִשְׂרָאֵל. הָשַׁתָּא עַבְדֵי, לְשָׁנָה הַבָּאָה בְּנֵי חוֹרִין.

*מֵסִיר הַקְּעָרָה מִן הַשֻּׁלְחָן, מוֹזְגִין כּוֹס שֵׁנִי וְכָאן הַבֵּן/בַּת הַצָּעִיר/ה בְּיוֹתֵר אוֹ אֶחָד מִן הַמְּסֻבִּים שׁוֹאֵל:*

## מַה נִּשְׁתַּנָּה הַלַּיְלָה הַזֶּה מִכָּל הַלֵּילוֹת --

שֶׁבְּכָל הַלֵּילוֹת אָנוּ אוֹכְלִין חָמֵץ וּמַצָּה, הַלַּיְלָה הַזֶּה - כֻּלּוֹ מַצָּה!?

שֶׁבְּכָל הַלֵּילוֹת אָנוּ אוֹכְלִין שְׁאָר יְרָקוֹת, - הַלַּיְלָה הַזֶּה מָרוֹר!?

שֶׁבְּכָל הַלֵּילוֹת אֵין אָנוּ מַטְבִּילִין אֲפִילוּ פַּעַם אֶחָת, - הַלַּיְלָה הַזֶּה שְׁתֵּי פְעָמִים!?

שֶׁבְּכָל הַלֵּילוֹת אָנוּ אוֹכְלִין בֵּין יוֹשְׁבִין וּבֵין מְסֻבִּין, - הַלַּיְלָה הַזֶּה כֻּלָּנוּ מְסֻבִּין!?

***מַנִּיחַ אֶת הַקְּעָרָה עַל הַשֻּׁלְחָן. הַמַּצּוֹת תִּהְיֶינָה מְגֻלּוֹת בִּשְׁעַת אֲמִירַת הַהַגָּדָה.***

עֲבָדִים הָיִינוּ לְפַרְעֹה בְּמִצְרָיִם, וַיּוֹצִיאֵנוּ יְיָ אֱלֹהֵינוּ מִשָּׁם בְּיָד חֲזָקָה וּבִזְרֹעַ נְטוּיָה. וְאִלּוּ לֹא הוֹצִיא הַקָּדוֹשׁ בָּרוּךְ הוּא אֶת אֲבוֹתֵינוּ מִמִּצְרַיִם, הֲרֵי אָנוּ וּבָנֵינוּ וּבְנֵי בָנֵינוּ מְשֻׁעְבָּדִים הָיִינוּ לְפַרְעֹה בְּמִצְרָיִם. וַאֲפִילוּ כֻּלָּנוּ חֲכָמִים, כֻּלָּנוּ נְבוֹנִים, כֻּלָּנוּ זְקֵנִים, כֻּלָּנוּ יוֹדְעִים אֶת הַתּוֹרָה, מִצְוָה עָלֵינוּ לְסַפֵּר בִּיצִיאַת מִצְרָיִם. וְכָל הַמַּרְבֶּה לְסַפֵּר בִּיצִיאַת מִצְרַיִם הֲרֵי זֶה מְשֻׁבָּח.

מַעֲשֶׂה בְּרַבִּי אֱלִיעֶזֶר וְרַבִּי יְהוֹשֻׁעַ וְרַבִּי אֶלְעָזָר בֶּן עֲזַרְיָה וְרַבִּי עֲקִיבָא וְרַבִּי טַרְפוֹן שֶׁהָיוּ מְסֻבִּין בִּבְנֵי בְרַק, וְהָיוּ מְסַפְּרִים בִּיצִיאַת מִצְרַיִם כָּל אוֹתוֹ הַלַּיְלָה עַד שֶׁבָּאוּ תַלְמִידֵיהֶם וְאָמְרוּ לָהֶם: רַבּוֹתֵינוּ, הִגִּיעַ זְמַן קְרִיאַת שְׁמַע שֶׁל שַׁחֲרִית.

אָמַר רַבִּי אֶלְעָזָר בֶּן עֲזַרְיָה: הֲרֵי אֲנִי כְּבֶן שִׁבְעִים שָׁנָה, וְלֹא זָכִיתִי שֶׁתֵּאָמֵר יְצִיאַת מִצְרַיִם בַּלֵּילוֹת עַד שֶׁדְּרָשָׁהּ בֶּן זוֹמָא: שֶׁנֶּאֱמַר, לְמַעַן תִּזְכֹּר אֶת יוֹם צֵאתְךָ מֵאֶרֶץ מִצְרַיִם כֹּל יְמֵי חַיֶּיךָ, יְמֵי חַיֶּיךָ - הַיָּמִים, כֹּל יְמֵי חַיֶּיךָ - הַלֵּילוֹת. וַחֲכָמִים אוֹמְרִים: יְמֵי חַיֶּיךָ - הָעוֹלָם הַזֶּה, כֹּל יְמֵי חַיֶּיךָ - לְהָבִיא לִימוֹת הַמָּשִׁיחַ.

בָּרוּךְ הַמָּקוֹם, בָּרוּךְ הוּא. בָּרוּךְ שֶׁנָּתַן תּוֹרָה לְעַמּוֹ יִשְׂרָאֵל, בָּרוּךְ הוּא.

why do we sit around the table together in a reclining position
The rest of the participants at the answer:
We were slaves to Pharaoh in Egypt, and God brought us out with
a strong hand and an outstretched arm. And if God had not brought
our ancestors out of Egypt, we and our children and our children's
children would still be subjugated to Pharaoh in Egypt. Even if we
were all old and wise and learned in Torah, we would still be
commanded to tell the story of the Exodus from Egypt. And the more
we talk about the Exodus from Egypt, the more praiseworthy
we are.

# The Four Children

The Torah describes four children who ask questions about the Exodus.
Tradition teaches that these verses refer to four different types of children.
**The wise child asks**, "What are the laws that God has commanded us"
The parent should answer by instructing the child in the laws of Passover,
starting from the beginning and ending with the laws of the Afikomen.
**The wicked child asks**, "What does this Passover service mean to you"
The parent should answer, "It is because of what God did for me when I
came out of Egypt. Specifically 'me' and not 'you.' If you had been there (with
your attitude), you wouldn't have been redeemed."
**The simple child asks**, "What is this service"
The parent should answer, "With a mighty hand God brought us out of Egypt.
Therefore, we commemorate that event tonight through this ."
**And then there is child who does not know how to ask.**
The parent should begin a discussion with that child based on the verse:
"And you shall tell your child on that day, 'We commemorate Passover tonight
because of what God did for us when we went out of Egypt.'"

The telling of the story of Passover continues:
While the Jews endured harsh slavery in Egypt, God chose Moses to lead

# כְּנֶגֶד אַרְבָּעָה בָנִים דִּבְּרָה תוֹרָה.

אֶחָד חָכָם, וְאֶחָד רָשָׁע, וְאֶחָד תָּם, וְאֶחָד שֶׁאֵינוֹ יוֹדֵעַ לִשְׁאוֹל.

## חָכָם מָה הוּא אוֹמֵר?

מַה הָעֵדוֹת וְהַחֻקִּים וְהַמִּשְׁפָּטִים אֲשֶׁר צִוָּה יְיָ אֱלֹהֵינוּ אֶתְכֶם? וְאַף אַתָּה אֱמָר לוֹ כְּהִלְכוֹת הַפֶּסַח: אֵין מַפְטִירִין אַחַר הַפֶּסַח אֲפִיקוֹמָן.

## רָשָׁע מָה הוּא אוֹמֵר?

מָה הָעֲבֹדָה הַזֹּאת לָכֶם? לָכֶם - וְלֹא לוֹ. וּלְפִי שֶׁהוֹצִיא אֶת עַצְמוֹ מִן הַכְּלָל כָּפַר בְּעִקָּר. וְאַף אַתָּה הַקְהֵה אֶת שִׁנָּיו וֶאֱמֹר לוֹ: בַּעֲבוּר זֶה עָשָׂה יְיָ לִי בְּצֵאתִי מִמִּצְרָיִם. לִי - וְלֹא לוֹ. אִילּוּ הָיָה שָׁם, לֹא הָיָה נִגְאָל.

## תָּם מָה הוּא אוֹמֵר?

מַה זֹּאת? וְאָמַרְתָּ אֵלָיו: בְּחֹזֶק יָד הוֹצִיאָנוּ יְיָ מִמִּצְרַיִם, מִבֵּית עֲבָדִים.

## וְשֶׁאֵינוֹ יוֹדֵעַ לִשְׁאוֹל -

אַתְּ פְּתַח לוֹ, שֶׁנֶּאֱמַר: וְהִגַּדְתָּ לְבִנְךָ בַּיּוֹם הַהוּא לֵאמֹר, בַּעֲבוּר זֶה עָשָׂה יְיָ לִי בְּצֵאתִי מִמִּצְרָיִם.

יָכוֹל מֵרֹאשׁ חֹדֶשׁ, תַּלְמוּד לוֹמַר בַּיּוֹם הַהוּא, אִי בַּיּוֹם הַהוּא יָכוֹל מִבְּעוֹד יוֹם, תַּלְמוּד לוֹמַר בַּעֲבוּר זֶה - בַּעֲבוּר זֶה לֹא אָמַרְתִּי אֶלָּא בְּשָׁעָה שֶׁיֵּשׁ מַצָּה וּמָרוֹר מֻנָּחִים לְפָנֶיךָ.

מִתְּחִלָּה עוֹבְדֵי עֲבוֹדָה זָרָה הָיוּ אֲבוֹתֵינוּ, וְעַכְשָׁיו קֵרְבָנוּ הַמָּקוֹם לַעֲבֹדָתוֹ, שֶׁנֶּאֱמַר: וַיֹּאמֶר יְהוֹשֻׁעַ אֶל כָּל הָעָם, כֹּה אָמַר יְיָ אֱלֹהֵי יִשְׂרָאֵל: בְּעֵבֶר הַנָּהָר יָשְׁבוּ אֲבוֹתֵיכֶם מֵעוֹלָם, תֶּרַח אֲבִי אַבְרָהָם וַאֲבִי נָחוֹר, וַיַּעַבְדוּ אֱלֹהִים אֲחֵרִים. וָאֶקַּח אֶת אֲבִיכֶם אֶת אַבְרָהָם מֵעֵבֶר הַנָּהָר וָאוֹלֵךְ אוֹתוֹ בְּכָל אֶרֶץ כְּנָעַן, וָאַרְבֶּה אֶת זַרְעוֹ וָאֶתֵּן לוֹ אֶת יִצְחָק, וָאֶתֵּן לְיִצְחָק אֶת יַעֲקֹב וְאֶת עֵשָׂו. וָאֶתֵּן לְעֵשָׂו אֶת הַר שֵׂעִיר לָרֶשֶׁת אֹתוֹ, וְיַעֲקֹב וּבָנָיו יָרְדוּ מִצְרָיִם.

בָּרוּךְ שׁוֹמֵר הַבְטָחָתוֹ לְיִשְׂרָאֵל, בָּרוּךְ הוּא. שֶׁהַקָּדוֹשׁ בָּרוּךְ הוּא חִשַּׁב אֶת הַקֵּץ, לַעֲשׂוֹת כְּמָה שֶׁאָמַר לְאַבְרָהָם אָבִינוּ בִּבְרִית בֵּין הַבְּתָרִים, שֶׁנֶּאֱמַר: וַיֹּאמֶר לְאַבְרָם, יָדֹעַ תֵּדַע כִּי גֵר יִהְיֶה זַרְעֲךָ בְּאֶרֶץ לֹא לָהֶם, וַעֲבָדוּם וְעִנּוּ אֹתָם אַרְבַּע מֵאוֹת שָׁנָה. וְגַם אֶת הַגּוֹי אֲשֶׁר יַעֲבֹדוּ דָּן אָנֹכִי וְאַחֲרֵי כֵן יֵצְאוּ בִּרְכֻשׁ גָּדוֹל.

*מְכַסֶּה אֶת הַמַּצּוֹת וּמַגְבִּיהַּ אֶת הַכּוֹס.*

**וְהִיא שֶׁעָמְדָה לַאֲבוֹתֵינוּ וְלָנוּ שֶׁלֹּא אֶחָד בִּלְבָד עָמַד עָלֵינוּ לְכַלּוֹתֵנוּ, אֶלָּא שֶׁבְּכָל דּוֹר וָדוֹר עוֹמְדִים עָלֵינוּ לְכַלּוֹתֵנוּ, וְהַקָּדוֹשׁ בָּרוּךְ הוּא מַצִּילֵנוּ מִיָּדָם.**

*יַנִּיחַ הַכּוֹס מִיָּדוֹ וִיגַלֶּה אֶת הַמַּצּוֹת.*

צֵא וּלְמַד מַה בִּקֵּשׁ לָבָן הָאֲרַמִּי לַעֲשׂוֹת לְיַעֲקֹב אָבִינוּ. שֶׁפַּרְעֹה לֹא גָזַר אֶלָּא עַל הַזְּכָרִים וְלָבָן בִּקֵּשׁ לַעֲקוֹר אֶת הַכֹּל, שֶׁנֶּאֱמַר: **אֲרַמִּי אֹבֵד אָבִי, וַיֵּרֶד מִצְרַיְמָה וַיָּגָר שָׁם בִּמְתֵי מְעָט, וַיְהִי שָׁם לְגוֹי גָּדוֹל, עָצוּם וָרָב.**

וַיֵּרֶד מִצְרַיְמָה - אָנוּס עַל פִּי הַדִּבּוּר.

וַיָּגָר שָׁם - מְלַמֵּד שֶׁלֹּא יָרַד יַעֲקֹב אָבִינוּ לְהִשְׁתַּקֵּעַ בְּמִצְרַיִם אֶלָּא לָגוּר שָׁם, שֶׁנֶּאֱמַר: וַיֹּאמְרוּ אֶל פַּרְעֹה, לָגוּר בָּאָרֶץ בָּאנוּ, כִּי אֵין מִרְעֶה לַצֹּאן אֲשֶׁר לַעֲבָדֶיךָ, כִּי כָבֵד הָרָעָב בְּאֶרֶץ כְּנָעַן. וְעַתָּה יֵשְׁבוּ נָא עֲבָדֶיךָ בְּאֶרֶץ גֹּשֶׁן.

them out to freedom. Moses encountered God at the burning bush and then returned to Egypt to lead the people out of Egypt. He demanded that Pharaoh let the Jewish people go. That part of our Passover story is best described in the familiar song "Go Down Moses."

When Israel was in Egypt's land,

Let my people go;

Oppressed so hard they could not stand,

Let my people go.

Chorus

Go down, Moses,

Way down in Egypt's land;

Tell old Pharaoh

To let my people go!

"Thus saith the Lord," bold Moses said,

Let my people go;

"If not, I'll smite your first-born dead,"

Let my people go.

Chorus

No more shall they in bondage toil,

Let my people go;

Let them come out with Egypt's spoil,

Let my people go.

Chorus

בִּמְתֵי מְעָט - כְּמָה שֶׁנֶּאֱמַר: בְּשִׁבְעִים נֶפֶשׁ יָרְדוּ אֲבוֹתֶיךָ מִצְרָיְמָה, וְעַתָּה שָׂמְךָ יְיָ אֱלֹהֶיךָ כְּכוֹכְבֵי הַשָּׁמַיִם לָרֹב.

וַיְהִי שָׁם לְגוֹי - מְלַמֵּד שֶׁהָיוּ יִשְׂרָאֵל מְצֻיָּנִים שָׁם.

**גָּדוֹל, עָצוּם** - כְּמָה שֶׁנֶּאֱמַר: וּבְנֵי יִשְׂרָאֵל פָּרוּ וַיִּשְׁרְצוּ וַיִּרְבּוּ וַיַּעַצְמוּ בִּמְאֹד מְאֹד, וַתִּמָּלֵא הָאָרֶץ אֹתָם.

וָרָב - כְּמָה שֶׁנֶּאֱמַר: רְבָבָה כְּצֶמַח הַשָּׂדֶה נְתַתִּיךְ, וַתִּרְבִּי וַתִּגְדְּלִי וַתָּבֹאִי בַּעֲדִי עֲדָיִים, שָׁדַיִם נָכֹנוּ וּשְׂעָרֵךְ צִמֵּחַ, וְאַתְּ עֵרֹם וְעֶרְיָה. וָאֶעֱבֹר עָלַיִךְ וָאֶרְאֵךְ מִתְבּוֹסֶסֶת בְּדָמָיִךְ, וָאֹמַר לָךְ בְּדָמַיִךְ חֲיִי, וָאֹמַר לָךְ בְּדָמַיִךְ חֲיִי.

**וַיָּרֵעוּ אֹתָנוּ הַמִּצְרִים וַיְעַנּוּנוּ, וַיִּתְּנוּ עָלֵינוּ עֲבֹדָה קָשָׁה.**

**וַיָּרֵעוּ אֹתָנוּ הַמִּצְרִים** - כְּמָה שֶׁנֶּאֱמַר: הָבָה נִתְחַכְּמָה לוֹ פֶּן יִרְבֶּה, וְהָיָה כִּי תִקְרֶאנָה מִלְחָמָה וְנוֹסַף גַּם הוּא עַל שֹׂנְאֵינוּ וְנִלְחַם בָּנוּ, וְעָלָה מִן הָאָרֶץ.

**וַיְעַנּוּנוּ** - כְּמָה שֶׁנֶּאֱמַר: וַיָּשִׂימוּ עָלָיו שָׂרֵי מִסִּים לְמַעַן עַנֹּתוֹ בְּסִבְלֹתָם. וַיִּבֶן עָרֵי מִסְכְּנוֹת לְפַרְעֹה. אֶת פִּתֹם וְאֶת רַעַמְסֵס.

**וַיִּתְּנוּ עָלֵינוּ עֲבֹדָה קָשָׁה** - כְּמָה שֶׁנֶּאֱמַר: וַיַּעֲבִדוּ מִצְרַיִם אֶת בְּנֵי יִשְׂרָאֵל בְּפָרֶךְ.

**וַנִּצְעַק אֶל יְיָ אֱלֹהֵי אֲבֹתֵינוּ, וַיִּשְׁמַע יְיָ אֶת קֹלֵנוּ, וַיַּרְא אֶת עָנְיֵנוּ וְאֶת עֲמָלֵנוּ וְאֶת לַחֲצֵנוּ.**

**וַנִּצְעַק אֶל יְיָ אֱלֹהֵי אֲבֹתֵינוּ** - כְּמָה שֶׁנֶּאֱמַר: וַיְהִי בַיָּמִים הָרַבִּים הָהֵם וַיָּמָת מֶלֶךְ מִצְרַיִם, וַיֵּאָנְחוּ בְנֵי יִשְׂרָאֵל מִן הָעֲבוֹדָה וַיִּזְעָקוּ, וַתַּעַל שַׁוְעָתָם אֶל הָאֱלֹהִים מִן הָעֲבֹדָה.

**וַיִּשְׁמַע יְיָ אֶת קֹלֵנוּ** - כְּמָה שֶׁנֶּאֱמַר: וַיִּשְׁמַע אֱלֹהִים אֶת נַאֲקָתָם, וַיִּזְכֹּר אֱלֹהִים אֶת בְּרִיתוֹ אֶת אַבְרָהָם, אֶת יִצְחָק וְאֶת יַעֲקֹב.

**וַיַּרְא אֶת עָנְיֵנוּ** - זוֹ פְּרִישׁוּת דֶּרֶךְ אֶרֶץ, כְּמָה שֶׁנֶּאֱמַר: וַיַּרְא אֱלֹהִים אֶת בְּנֵי יִשְׂרָאֵל וַיֵּדַע אֱלֹהִים.

**וְאֶת עֲמָלֵנוּ** - אֵלּוּ הַבָּנִים. כְּמָה שֶׁנֶּאֱמַר: כָּל הַבֵּן הַיִּלּוֹד הַיְאֹרָה תַּשְׁלִיכֻהוּ וְכָל הַבַּת תְּחַיּוּן.

**וְאֶת לַחֲצֵנוּ** - זֶה הַדְּחַק, כְּמָה שֶׁנֶּאֱמַר: וְגַם רָאִיתִי אֶת הַלַּחַץ אֲשֶׁר מִצְרַיִם לֹחֲצִים אֹתָם.

**וַיּוֹצִאֵנוּ יְיָ מִמִּצְרַיִם בְּיָד חֲזָקָה וּבִזְרֹעַ נְטוּיָה, וּבְמֹרָא גָּדֹל, וּבְאֹתוֹת וּבְמֹפְתִים.**

**וַיּוֹצִאֵנוּ יְיָ מִמִּצְרַיִם** - לֹא עַל יְדֵי מַלְאָךְ, וְלֹא עַל יְדֵי שָׂרָף, וְלֹא עַל יְדֵי שָׁלִיחַ, אֶלָּא הַקָּדוֹשׁ בָּרוּךְ הוּא בִּכְבוֹדוֹ וּבְעַצְמוֹ, שֶׁנֶּאֱמַר: **וְעָבַרְתִּי בְאֶרֶץ מִצְרַיִם בַּלַּיְלָה הַזֶּה, וְהִכֵּיתִי כָל בְּכוֹר בְּאֶרֶץ מִצְרַיִם מֵאָדָם וְעַד בְּהֵמָה, וּבְכָל אֱלֹהֵי מִצְרַיִם אֶעֱשֶׂה שְׁפָטִים. אֲנִי יְיָ.**

**וְעָבַרְתִּי בְאֶרֶץ מִצְרַיִם בַּלַּיְלָה הַזֶּה** - אֲנִי וְלֹא מַלְאָךְ

**וְהִכֵּיתִי כָל בְּכוֹר בְּאֶרֶץ מִצְרַיִם** - אֲנִי וְלֹא שָׂרָף

**וּבְכָל אֱלֹהֵי מִצְרַיִם אֶעֱשֶׂה שְׁפָטִים** - אֲנִי וְלֹא הַשָּׁלִיחַ.

**אֲנִי יְיָ** - אֲנִי הוּא וְלֹא אַחֵר.

**בְּיָד חֲזָקָה** - זוֹ הַדֶּבֶר, כְּמָה שֶׁנֶּאֱמַר: הִנֵּה יַד יְיָ הוֹיָה בְּמִקְנְךָ אֲשֶׁר בַּשָּׂדֶה, בַּסּוּסִים, בַּחֲמֹרִים, בַּגְּמַלִּים, בַּבָּקָר וּבַצֹּאן, דֶּבֶר כָּבֵד מְאֹד.

**וּבִזְרֹעַ נְטוּיָה** - זוֹ הַחֶרֶב, כְּמָה שֶׁנֶּאֱמַר: וְחַרְבּוֹ שְׁלוּפָה בְּיָדוֹ, נְטוּיָה עַל יְרוּשָׁלָיִם.

But Pharaoh hardened his heart and refused to let the Jewish people go. That is why God sent the Ten Plagues.

It is a tradition to remove ten drops of wine from our cups as we recite the ten plagues as a remembrance that while the Jews were redeemed through these plagues, people did suffer. Remove a drop of wine for each plague as you recite its name.

1. Blood Dam
2. Frogs Tze-phar-day-ah
3. Vermin Kee-nim
4. Beasts Arov
5. Cattle Disease De-ver
6. Boils She-heen
7. Hail Ba-rad
8. Locusts Ar-beh
9. Darkness Cho-shech
10. Slaying of the first born Ma-kat Bechorot

Following the slaying of the first born, Pharaoh allowed the Jewish people to leave. The Jews left Egypt in such haste that their dough did not rise, so they ate matzah. When Pharaoh changed his mind and chased after the Israelites, God miraculously caused the Red Sea to split, allowing the Israelites to cross safely. When the Egyptians entered the Sea, it returned to its natural state and the mighty Egyptian army drowned.

As we conclude telling the story of Passover, we sing a song listing all the wonderful acts God performed for the Israelites when they left Egypt.

**וּבְמֹרָא גָּדֹל** - זוֹ גִּלּוּי שְׁכִינָה, כְּמָה שֶׁנֶּאֱמַר: אוֹ הֲנִסָּה אֱלֹהִים לָבוֹא לָקַחַת לוֹ גוֹי מִקֶּרֶב גּוֹי, בְּמַסֹּת בְּאֹתֹת וּבְמוֹפְתִים וּבְמִלְחָמָה, וּבְיָד חֲזָקָה וּבִזְרוֹעַ נְטוּיָה, וּבְמוֹרָאִים גְּדֹלִים, כְּכֹל אֲשֶׁר עָשָׂה לָכֶם יְיָ אֱלֹהֵיכֶם בְּמִצְרַיִם לְעֵינֶיךָ.

**וּבְאֹתוֹת** - זֶה הַמַּטֶּה, כְּמָה שֶׁנֶּאֱמַר: וְאֶת הַמַּטֶּה הַזֶּה תִּקַּח בְּיָדֶךָ, אֲשֶׁר תַּעֲשֶׂה בּוֹ אֶת הָאֹתֹת.

***נוֹהֲגִין לְהַטִּיף טִפָּה מִן הַכּוֹס בַּאֲמִירַת 'דָּם', 'וָאֵשׁ', 'וְתִימְרוֹת עָשָׁן', עֶשֶׂר הַמַּכּוֹת, 'דְּצַ"ךְ', 'עֲדַ"שׁ', 'בְּאַחַ"ב', בְּיַחַד ט"ו פְּעָם.***

**וּבְמֹפְתִים** - זֶה הַדָּם, כְּמָה שֶׁנֶּאֱמַר: וְנָתַתִּי מוֹפְתִים בַּשָּׁמַיִם וּבָאָרֶץ, דָּם וָאֵשׁ וְתִימְרוֹת עָשָׁן.

דָּבָר אַחֵר: בְּיָד חֲזָקָה - שְׁתַּיִם, וּבִזְרֹעַ נְטוּיָה - שְׁתַּיִם, וּבְמֹרָא גָּדֹל - שְׁתַּיִם, וּבְאֹתוֹת - שְׁתַּיִם, וּבְמֹפְתִים - שְׁתַּיִם. אֵלּוּ עֶשֶׂר מַכּוֹת שֶׁהֵבִיא הַקָּדוֹשׁ בָּרוּךְ הוּא עַל הַמִּצְרִים בְּמִצְרַיִם, וְאֵלּוּ הֵן:

## דָּם, צְפַרְדֵּעַ, כִּנִּים, עָרוֹב, דֶּבֶר, שְׁחִין, בָּרָד, אַרְבֶּה, חֹשֶׁךְ, מַכַּת בְּכוֹרוֹת.

רַבִּי יְהוּדָה הָיָה נוֹתֵן בָּהֶם סִמָּנִים: **דְּצַ"ךְ עֲדַ"שׁ בְּאַחַ"ב.**

רַבִּי יוֹסֵי הַגְּלִילִי אוֹמֵר: מִנַּיִן אַתָּה אוֹמֵר שֶׁלָּקוּ הַמִּצְרִים בְּמִצְרַיִם עֶשֶׂר מַכּוֹת וְעַל הַיָּם לָקוּ חֲמִשִּׁים מַכּוֹת? בְּמִצְרַיִם מָה הוּא אוֹמֵר? וַיֹּאמְרוּ הַחַרְטֻמִּים אֶל פַּרְעֹה: אֶצְבַּע אֱלֹהִים הִוא, וְעַל הַיָּם מָה הוּא אוֹמֵר? וַיַּרְא יִשְׂרָאֵל אֶת הַיָּד הַגְּדֹלָה אֲשֶׁר עָשָׂה יְיָ בְּמִצְרַיִם, וַיִּירְאוּ הָעָם אֶת יְיָ, וַיַּאֲמִינוּ בַּייָ וּבְמשֶׁה עַבְדּוֹ. כַּמָּה לָקוּ בְאֶצְבַּע? עֶשֶׂר מַכּוֹת. אֱמוֹר מֵעַתָּה: בְּמִצְרַיִם לָקוּ עֶשֶׂר מַכּוֹת וְעַל הַיָּם לָקוּ חֲמִשִּׁים מַכּוֹת.

רַבִּי אֱלִיעֶזֶר אוֹמֵר: מִנַּיִן שֶׁכָּל מַכָּה וּמַכָּה שֶׁהֵבִיא הַקָּדוֹשׁ בָּרוּךְ הוּא עַל הַמִּצְרִים בְּמִצְרַיִם הָיְתָה שֶׁל אַרְבַּע מַכּוֹת? שֶׁנֶּאֱמַר: יְשַׁלַּח בָּם חֲרוֹן אַפּוֹ, עֶבְרָה וָזַעַם וְצָרָה, מִשְׁלַחַת מַלְאֲכֵי רָעִים. **עֶבְרָה** - אַחַת, **וָזַעַם** - שְׁתַּיִם, **וְצָרָה** - שָׁלֹשׁ, **מִשְׁלַחַת מַלְאֲכֵי רָעִים** - אַרְבַּע. אֱמוֹר מֵעַתָּה: בְּמִצְרַיִם לָקוּ אַרְבָּעִים מַכּוֹת וְעַל הַיָּם לָקוּ מָאתַיִם מַכּוֹת.

רַבִּי עֲקִיבָא אוֹמֵר: מִנַּיִן שֶׁכָּל מַכָּה וּמַכָּה שֶׁהֵבִיא הַקָּדוֹשׁ בָּרוּךְ הוּא עַל הַמִּצְרִים בְּמִצְרַיִם הָיְתָה שֶׁל חָמֵשׁ מַכּוֹת? שֶׁנֶּאֱמַר: יְשַׁלַּח בָּם חֲרוֹן אַפּוֹ, עֶבְרָה וָזַעַם וְצָרָה, מִשְׁלַחַת מַלְאֲכֵי רָעִים. **חֲרוֹן אַפּוֹ** - אַחַת, **עֶבְרָה** - שְׁתַּיִם, **וָזַעַם** - שָׁלֹשׁ, **וְצָרָה** - אַרְבַּע, **מִשְׁלַחַת מַלְאֲכֵי רָעִים** - חָמֵשׁ. אֱמוֹר מֵעַתָּה: בְּמִצְרַיִם לָקוּ חֲמִשִּׁים מַכּוֹת וְעַל הַיָּם לָקוּ חֲמִשִּׁים וּמָאתַיִם מַכּוֹת.

כַּמָּה מַעֲלוֹת טוֹבוֹת לַמָּקוֹם עָלֵינוּ!

Dayenu-
**Ilu ho-tsi, ho-tsi-a-nu,**
**Ho-tsi-anu mi-Mitz-ra-yim**
**Ho-tsi-anu mi-Mitz-ra-yim**
**Da-ye-nu**
Chorus
Da-da-ye-nu,
Da-da-ye-nu,
Da-da-ye-nu,
Da-da-ye-nu,
Da-ye-nu Da-ye-nu

If God would've taken us out of Egypt and not executed judgment upon them, it would've been enough for us–Dayenu.

If He would've executed judgment upon them and not upon their idols, it would've been enough for us–Dayenu.

If He would've judged their idols, and not killed their firstborn, it would've been enough for us–Dayenu.

If He would've killed their firstborn, and not given us their wealth, it would've been enough for us–Dayenu.

If He would've given us their wealth, and not split the sea for us, it would've been enough for us–Dayenu.

If He would've split the sea for us, and not let us through it on dry land, it would've been enough for us–Dayenu.

If He would've let us through it on dry land, and not drowned our enemies in it, it would've been enough for us–Dayenu.

If He would've drowned our enemies in it, and not provided for our needs in the desert for 40 years, it would've been enough for us–Dayenu.

**אִלּוּ הוֹצִיאָנוּ מִמִּצְרַיִם וְלֹא עָשָׂה בָהֶם שְׁפָטִים, דַּיֵּנוּ.**

אִלּוּ עָשָׂה בָהֶם שְׁפָטִים, וְלֹא עָשָׂה בֵאלֹהֵיהֶם, דַּיֵּנוּ

אִלּוּ עָשָׂה בֵאלֹהֵיהֶם, וְלֹא הָרַג אֶת בְּכוֹרֵיהֶם, דַּיֵּנוּ

אִלּוּ הָרַג אֶת בְּכוֹרֵיהֶם וְלֹא נָתַן לָנוּ אֶת מָמוֹנָם, דַּיֵּנוּ

אִלּוּ נָתַן לָנוּ אֶת מָמוֹנָם וְלֹא קָרַע לָנוּ אֶת הַיָּם, דַּיֵּנוּ

אִלּוּ קָרַע לָנוּ אֶת הַיָּם וְלֹא הֶעֱבִירָנוּ בְתוֹכוֹ בֶּחָרָבָה, דַּיֵּנוּ

אִלּוּ הֶעֱבִירָנוּ בְתוֹכוֹ בֶּחָרָבָה וְלֹא שִׁקַּע צָרֵנוּ בְּתוֹכוֹ, דַּיֵּנוּ

אִלּוּ שִׁקַּע צָרֵנוּ בְּתוֹכוֹ וְלֹא סִפֵּק צָרְכֵּנוּ בַּמִּדְבָּר אַרְבָּעִים שָׁנָה, דַּיֵּנוּ

אִלּוּ סִפֵּק צָרְכֵּנוּ בַּמִּדְבָּר אַרְבָּעִים שָׁנָה ולא הֶאֱכִילָנוּ אֶת הַמָּן, דַּיֵּנוּ

אִלּוּ הֶאֱכִילָנוּ אֶת הַמָּן וְלֹא נָתַן לָנוּ אֶת הַשַּׁבָּת, דַּיֵּנוּ.

אִלּוּ נָתַן לָנוּ אֶת הַשַּׁבָּת, וְלֹא קֵרְבָנוּ לִפְנֵי הַר סִינַי, דַּיֵּנוּ.

אִלּוּ קֵרְבָנוּ לִפְנֵי הַר סִינַי, וְלֹא נָתַן לָנוּ אֶת הַתּוֹרָה, דַּיֵּנוּ.

אִלּוּ נָתַן לָנוּ אֶת הַתּוֹרָה וְלֹא הִכְנִיסָנוּ לְאֶרֶץ יִשְׂרָאֵל, דַּיֵּנוּ

אִלּוּ הִכְנִיסָנוּ לְאֶרֶץ יִשְׂרָאֵל וְלֹא בָנָה לָנוּ אֶת בֵּית הַבְּחִירָה, דַּיֵּנוּ

עַל אַחַת, כַּמָּה וְכַמָּה, טוֹבָה כְפוּלָה וּמְכֻפֶּלֶת לַמָּקוֹם עָלֵינוּ: שֶׁהוֹצִיאָנוּ מִמִּצְרַיִם, וְעָשָׂה בָהֶם שְׁפָטִים, וְעָשָׂה בֵאלֹהֵיהֶם, וְהָרַג אֶת בְּכוֹרֵיהֶם, וְנָתַן לָנוּ אֶת מָמוֹנָם, וְקָרַע לָנוּ אֶת הַיָּם, וְהֶעֱבִירָנוּ בְתוֹכוֹ בֶּחָרָבָה, וְשִׁקַּע צָרֵנוּ בְּתוֹכוֹ, וְסִפֵּק צָרְכֵּנוּ בַּמִּדְבָּר אַרְבָּעִים שָׁנָה, וְהֶאֱכִילָנוּ אֶת הַמָּן, וְנָתַן לָנוּ אֶת הַשַּׁבָּת, וְקֵרְבָנוּ לִפְנֵי הַר סִינַי, וְנָתַן לָנוּ אֶת הַתּוֹרָה, וְהִכְנִיסָנוּ לְאֶרֶץ יִשְׂרָאֵל, וּבָנָה לָנוּ אֶת בֵּית הַבְּחִירָה לְכַפֵּר עַל כָּל עֲוֹנוֹתֵינוּ.

רַבָּן גַּמְלִיאֵל הָיָה אוֹמֵר: כָּל שֶׁלֹּא אָמַר שְׁלֹשָׁה דְּבָרִים אֵלּוּ בַּפֶּסַח, לֹא יָצָא יְדֵי חוֹבָתוֹ, וְאֵלּוּ הֵן: **פֶּסַח, מַצָּה, וּמָרוֹר.**

*יִזָּהֵר שֶׁלֹּא לְהַגְבִּיהַ אֶת הַזְּרוֹעַ.*

**פֶּסַח** שֶׁהָיוּ אֲבוֹתֵינוּ אוֹכְלִים בִּזְמַן שֶׁבֵּית הַמִּקְדָּשׁ הָיָה קַיָּם, עַל שׁוּם מָה? עַל שׁוּם שֶׁפָּסַח הַקָּדוֹשׁ בָּרוּךְ הוּא עַל בָּתֵּי אֲבוֹתֵינוּ בְּמִצְרַיִם, שֶׁנֶּאֱמַר: וַאֲמַרְתֶּם זֶבַח פֶּסַח הוּא לַייָ, אֲשֶׁר פָּסַח עַל בָּתֵּי בְנֵי יִשְׂרָאֵל בְּמִצְרַיִם בְּנָגְפּוֹ אֶת מִצְרַיִם, וְאֶת בָּתֵּינוּ הִצִּיל, וַיִּקֹּד הָעָם וַיִּשְׁתַּחֲווּ.

*מַרְאֶה אֶת הַמַּצּוֹת לַמְּסֻבִּים וְאוֹמֵר:*

**מַצָּה** זוֹ שֶׁאָנוּ אוֹכְלִים, עַל שׁוּם מָה? עַל שׁוּם שֶׁלֹּא הִסְפִּיק בְּצֵקָם שֶׁל אֲבוֹתֵינוּ לְהַחֲמִיץ עַד שֶׁנִּגְלָה עֲלֵיהֶם מֶלֶךְ מַלְכֵי הַמְּלָכִים, הַקָּדוֹשׁ בָּרוּךְ הוּא, וּגְאָלָם, שֶׁנֶּאֱמַר: וַיֹּאפוּ אֶת הַבָּצֵק אֲשֶׁר הוֹצִיאוּ מִמִּצְרַיִם עֻגֹת מַצּוֹת, כִּי לֹא חָמֵץ,

כִּי גֹרְשׁוּ מִמִּצְרַיִם וְלֹא יָכְלוּ לְהִתְמַהְמֵהַּ, וְגַם צֵדָה לֹא עָשׂוּ לָהֶם.

# Explanation of Passover Symbols

Rabbi Gamliel, the head of the Sanhedrin (rabbinical court) near of the end of the Second Temple Period (first century CE), said one must discuss the three symbols of Passover as part of the:

**Pesach** The Passover sacrifice represented by the shank bone (or a roasted beet). The Pesach sacrifice reminds us that God passed over the Israelite houses when the tenth plague was visited upon the Egyptians after the Israelites offered the Passover sacrifice.

**Matzah** The unleavened bread. The matzah represents the hurried Exodus from Egypt wherein the Israelites left so quickly that their dough did not have time to rise.

**Maror** The bitter herbs. The maror reminds us of the bitter pain and suffering the Israelites went through as slaves to the Egyptians.

We now conclude the Magid section of the :

Tradition teaches us that in every generation, we ought to look upon ourselves as if we personally had gone out of Egypt. Therefore, it is our duty to thank the One who performed all the miracles for generations past and present.

We start saying Psalms praising God for taking us of Egypt. We will continue after we eat the meal.

Psalm

When Israel came forth out of Egypt, the house of Jacob from a people of strange language;

Judah became His sanctuary, Israel His dominion.

The sea saw it, and fled; the Jordan River turned backward.

The mountains skipped like rams, the hills like young sheep.

What ails you, O that sea, that you flea The Jordan River, that you turn backward

You mountains, that you skip like rams; you hills, like young sheep

Tremble, earth, at the presence of the Lord, at the presence of the God of Jacob;

*מַרְאֶה אֶת הַמָּרוֹר לַמְסֻבִּים וְאוֹמֵר:*

**מָרוֹר** זֶה שֶׁאָנוּ אוֹכְלִים, עַל שׁוּם מָה? עַל שׁוּם שֶׁמֵּרְרוּ הַמִּצְרִים אֶת חַיֵּי אֲבוֹתֵינוּ בְּמִצְרַיִם, שֶׁנֶּאֱמַר: וַיְמָרְרוּ אֶת חַיֵּיהֶם בַּעֲבֹדָה קָשָׁה, בְּחֹמֶר וּבִלְבֵנִים וּבְכָל עֲבֹדָה בַּשָּׂדֶה אֶת כָּל עֲבֹדָתָם אֲשֶׁר עָבְדוּ בָהֶם בְּפָרֶךְ.

בְּכָל דּוֹר וָדוֹר חַיָּב אָדָם לִרְאוֹת אֶת עַצְמוֹ כְּאִלּוּ הוּא יָצָא מִמִּצְרַיִם, שֶׁנֶּאֱמַר: וְהִגַּדְתָּ לְבִנְךָ בַּיּוֹם הַהוּא לֵאמֹר, בַּעֲבוּר זֶה עָשָׂה יְיָ לִי בְּצֵאתִי מִמִּצְרָיִם. לֹא אֶת אֲבוֹתֵינוּ בִּלְבָד גָּאַל הַקָּדוֹשׁ בָּרוּךְ הוּא, אֶלָּא אַף אוֹתָנוּ גָּאַל עִמָּהֶם, שֶׁנֶּאֱמַר: וְאוֹתָנוּ הוֹצִיא מִשָּׁם, לְמַעַן הָבִיא אֹתָנוּ, לָתֶת לָנוּ אֶת הָאָרֶץ אֲשֶׁר נִשְׁבַּע לַאֲבֹתֵנוּ.

*מַגְבִּיהִים אֶת הַכּוֹס עַד הַלְלוּיָה (וְיֵשׁ הַמַּגְבִּיהִים עַד גָּאַל יִשְׂרָאֵל).*

לְפִיכָךְ אֲנַחְנוּ חַיָּבִים לְהוֹדוֹת, לְהַלֵּל, לְשַׁבֵּחַ, לְפָאֵר, לְרוֹמֵם, לְהַדֵּר, לְבָרֵךְ, לְעַלֵּה וּלְקַלֵּס לְמִי שֶׁעָשָׂה לַאֲבוֹתֵינוּ וְלָנוּ אֶת כָּל הַנִּסִּים הָאֵלּוּ: הוֹצִיאָנוּ מֵעַבְדוּת לְחֵרוּת מִיָּגוֹן לְשִׂמְחָה, וּמֵאֵבֶל לְיוֹם טוֹב, וּמֵאֲפֵלָה לְאוֹר גָּדוֹל, וּמִשִּׁעְבּוּד לִגְאֻלָּה. וְנֹאמַר לְפָנָיו שִׁירָה חֲדָשָׁה: הַלְלוּיָהּ.

**הַלְלוּ יָהּ הַלְלוּ עַבְדֵי יְהוָה** הַלְלוּ אֶת שֵׁם יְהוָה. יְהִי שֵׁם יְהוָה מְבֹרָךְ מֵעַתָּה וְעַד עוֹלָם. מִמִּזְרַח שֶׁמֶשׁ עַד מְבוֹאוֹ מְהֻלָּל שֵׁם יְהוָה. רָם עַל כָּל גּוֹיִם יְהוָה עַל הַשָּׁמַיִם כְּבוֹדוֹ. ה מִי כַּיהוָה אֱלֹהֵינוּ הַמַּגְבִּיהִי לָשָׁבֶת. הַמַּשְׁפִּילִי לִרְאוֹת בַּשָּׁמַיִם וּבָאָרֶץ. מְקִימִי מֵעָפָר דָּל מֵאַשְׁפֹּת יָרִים אֶבְיוֹן. לְהוֹשִׁיבִי עִם נְדִיבִים עִם נְדִיבֵי עַמּוֹ. מוֹשִׁיבִי עֲקֶרֶת הַבַּיִת אֵם הַבָּנִים שְׂמֵחָה הַלְלוּ יָהּ. (תהלים קיג)

**בְּצֵאת יִשְׂרָאֵל מִמִּצְרָיִם** בֵּית יַעֲקֹב מֵעַם לֹעֵז. הָיְתָה יְהוּדָה לְקָדְשׁוֹ יִשְׂרָאֵל מַמְשְׁלוֹתָיו. הַיָּם רָאָה וַיָּנֹס הַיַּרְדֵּן יִסֹּב לְאָחוֹר. הֶהָרִים רָקְדוּ כְאֵילִים גְּבָעוֹת כִּבְנֵי צֹאן. מַה לְּךָ הַיָּם כִּי תָנוּס הַיַּרְדֵּן תִּסֹּב לְאָחוֹר. הֶהָרִים תִּרְקְדוּ כְאֵילִים גְּבָעוֹת כִּבְנֵי צֹאן. מִלִּפְנֵי אָדוֹן חוּלִי אָרֶץ מִלִּפְנֵי אֱלוֹהַ יַעֲקֹב. הַהֹפְכִי הַצּוּר אֲגַם מָיִם חַלָּמִישׁ לְמַעְיְנוֹ מָיִם. (תהלים קיד)

*מַגְבִּיהִים אֶת הַכּוֹס עַד גָּאַל יִשְׂרָאֵל.*

בָּרוּךְ אַתָּה יְיָ אֱלֹהֵינוּ מֶלֶךְ הָעוֹלָם, אֲשֶׁר גְּאָלָנוּ וְגָאַל אֶת אֲבוֹתֵינוּ מִמִּצְרַיִם, וְהִגִּיעָנוּ לַלַּיְלָה הַזֶּה לֶאֱכָל בּוֹ מַצָּה וּמָרוֹר. כֵּן יְיָ אֱלֹהֵינוּ וֵאלֹהֵי אֲבוֹתֵינוּ יַגִּיעֵנוּ לְמוֹעֲדִים וְלִרְגָלִים אֲחֵרִים הַבָּאִים לִקְרָאתֵנוּ לְשָׁלוֹם, שְׂמֵחִים בְּבִנְיַן עִירֶךָ וְשָׂשִׂים בַּעֲבוֹדָתֶךָ. וְנֹאכַל שָׁם מִן הַזְּבָחִים וּמִן הַפְּסָחִים אֲשֶׁר יַגִּיעַ דָּמָם עַל קִיר מִזְבַּחֲךָ לְרָצוֹן, וְנוֹדֶה לְךָ שִׁיר חָדָשׁ עַל גְּאֻלָּתֵנוּ וְעַל פְּדוּת נַפְשֵׁנוּ. בָּרוּךְ אַתָּה יְיָ גָּאַל יִשְׂרָאֵל.

בָּרוּךְ אַתָּה יְיָ אֱלֹהֵינוּ מֶלֶךְ הָעוֹלָם בּוֹרֵא פְּרִי הַגָּפֶן.

*שׁוֹתִין אֶת הַכּוֹס בְּהַסִּבַּת שְׂמֹאל.*

# רָחְצָה

*נוֹטְלִים אֶת הַיָּדַיִם וּמְבָרְכִים*

בָּרוּךְ אַתָּה יְיָ אֱלֹהֵינוּ מֶלֶךְ הָעוֹלָם, אֲשֶׁר קִדְּשָׁנוּ בְּמִצְוֹתָיו וְצִוָּנוּ עַל נְטִילַת יָדָיִם.

# מוֹצִיא מַצָּה

*יִקַּח הַמַּצּוֹת בְּסֵדֶר שֶׁהִנִּיחָן, הַפְּרוּסָה בֵּין שְׁתֵּי הַשְּׁלֵמוֹת, וְיֹאחֵז שְׁלָשְׁתָּן בְּיָדוֹ וִיבָרֵךְ "הַמּוֹצִיא", יניח מידיו את התחתונה ויברך "עַל אֲכִילַת מַצָּה" עַל השלמה והַפְּרוּסָה. אַחַר כָּךְ יִבְצַע כְּזַיִת מִן הָעֶלְיוֹנָה הַשְּׁלֵמָה וּכְזַיִת שֵׁנִי מִן הַפְּרוּסָה וְיִטְבְּלֵם בְּמֶלַח, וְיֹאכַל בְּהַסִּבָּה שְׁנֵי הַזֵּיתִים*

Who turned the rock into a pool of water, the flint into a fountain of waters.

A blessing is then said over the second cup of wine :
Blessed are You, Lord our God, King of the Universe, who creates the fruit of the vine.
Baruch Atah Ado-nai Elo-heinu Melech Ha-olam Boreh Pree Ha-ga-fen.

We drink the second cup of wine.
6. Second Ritual Handwashing

# Rachtzah

Pour water from a cup once on each hand over a sink or basin hands, this time with a blessing, to prepare for the eating of the matzah.
Recite this blessing after washing hands:
Blessed are You, Lord our God, King of the Universe, who has sanctified us with His laws and commanded us to wash our hands.
Baruch Atah Ado-nai Elo-heinu Melech Ha-olam Asher Kid'shanu B'mitzvotav V'tzivanu Al Nitilat Yadayim.

7. Blessing before the Meal

# Motzi

The Motzi blessing is recited at the beginning of the meal (tonight we use matzah only).
Blessed are You, Lord our God, King of the Universe, who brings bread from the earth.
Baruch Atah Ado-nai Elo-heinu Melech Ha-olam Hamotzi Lechem Min Ha-aretz.

בָּרוּךְ אַתָּה יְיָ אֱלֹהֵינוּ מֶלֶךְ הָעוֹלָם הַמּוֹצִיא לֶחֶם מִן הָאָרֶץ.

בָּרוּךְ אַתָּה יְיָ אֱלֹהֵינוּ מֶלֶךְ הָעוֹלָם, אֲשֶׁר קִדְּשָׁנוּ בְּמִצְוֹתָיו וְצִוָּנוּ עַל אֲכִילַת מַצָּה.

# מָרוֹר

*כָּל אֶחָד מֵהַמְסֻבִּים לוֹקֵחַ כְּזַיִת מָרוֹר וּמַטְבִּלוֹ בַּחֲרוֹסֶת, חוֹזֵר וּמְנַעֵר הַחֲרוֹסֶת, מְבָרֵךְ וְאוֹכֵל בְּלִי הַסֵבָּה.*

בָּרוּךְ אַתָּה יְיָ אֱלֹהֵינוּ מֶלֶךְ הָעוֹלָם, אֲשֶׁר קִדְּשָׁנוּ בְּמִצְוֹתָיו וְצִוָּנוּ עַל אֲכִילַת מָרוֹר.

# כּוֹרֵךְ

*כָּל אֶחָד מֵהַמְסֻבִּים לוֹקֵחַ כְּזַיִת מִן הַמַּצָּה הַשְּׁלִישִׁית עִם כְּזַיִת מָרוֹר וְכוֹרְכִים יַחַד, אוֹכְלִים בְּהַסֵבָּה וּבְלִי בְרָכָה. לִפְנֵי אָכְלוֹ אוֹמֵר [ויש נוהגים לומר לאחר האכילה].* זֵכֶר לְמִקְדָּשׁ כְּהִלֵּל. כֵּן עָשָׂה הִלֵּל בִּזְמַן שֶׁבֵּית

הַמִּקְדָּשׁ הָיָה קַיָּם: הָיָה כּוֹרֵךְ פֶּסַח מַצָּה
וּמָרוֹר וְאוֹכֵל בְּיַחַד, לְקַיֵּם מַה שֶּׁנֶּאֱמַר:
עַל מַצּוֹת וּמְרֹרִים יֹאכְלֻהוּ.

# שֻׁלְחָן עוֹרֵךְ

*אוֹכְלִים וְשׁוֹתִים הַסְּעוּדָה הָעֲרוּכָה וְנוֹהֲגִים לֶאֱכוֹל תְּחִלָּה בֵּיצִים מְבֻשָּׁלוֹת.*
*ולֹא יֹאכַל יוֹתֵר מִדַּי, שֶׁלֹּא תִּהְיֶה עָלָיו אֲכִילַת אֲפִיקוֹמָן אֲכִילָה גַּסָּה.*

# צָפוּן

*אַחַר גְּמַר הַסְּעֻדָּה לוֹקֵחַ כָּל אֶחָד מֵהַמְסֻבִּים כְּזַיִת מֵהַמַּצָּה שֶׁהָיְתָה צְפוּנָה לַאֲפִיקוֹמָן וְאוֹכֵל מִמֶּנָּה כְּזַיִת בְּהַסֵבָּה. וְצָרִיךְ לְאָכְלָהּ קֹדֶם חֲצוֹת הַלַּיְלָה.*

# בָּרֵךְ

*מוֹזְגִין כּוֹס שְׁלִישִׁי וּמְבָרְכִין בִּרְכַּת הַמָּזוֹן.*

שִׁיר הַמַּעֲלוֹת בְּשׁוּב יְיָ אֶת שִׁיבַת צִיּוֹן הָיִינוּ כְּחֹלְמִים. אָז יִמָּלֵא שְׂחוֹק פִּינוּ וּלְשׁוֹנֵנוּ רִנָּה אָז יֹאמְרוּ בַגּוֹיִם הִגְדִּיל יְיָ לַעֲשׂוֹת עִם אֵלֶּה. הִגְדִּיל יְיָ לַעֲשׂוֹת עִמָּנוּ הָיִינוּ שְׂמֵחִים. שׁוּבָה יְיָ אֶת שְׁבִיתֵנוּ כַּאֲפִיקִים בַּנֶּגֶב. הַזֹּרְעִים בְּדִמְעָה בְּרִנָּה יִקְצֹרוּ. הָלוֹךְ יֵלֵךְ וּבָכֹה נֹשֵׂא מֶשֶׁךְ הַזָּרַע בֹּא יָבוֹא בְרִנָּה נֹשֵׂא אֲלֻמֹּתָיו. (תהלים קכו)

*שְׁלֹשָׁה שֶׁאָכְלוּ כְּאֶחָד חַיָּבִין לְזַמֵּן וְהַמְזַמֵּן פּוֹתֵחַ:* רַבּוֹתַי, נְבָרֵךְ!

*הַמְסֻבִּים עוֹנִים:* יְהִי שֵׁם יְיָ מְבֹרָךְ מֵעַתָּה וְעַד עוֹלָם.

*הַמְזַמֵּן אוֹמֵר:* בִּרְשׁוּת מָרָנָן וְרַבָּנָן וְרַבּוֹתַי, נְבָרֵךְ *(בעשרה אֱלֹהֵינוּ)* שֶׁאָכַלְנוּ מִשֶּׁלּוֹ.

*הַמְסֻבִּים עוֹנִים:* בָּרוּךְ (אֱלֹהֵינוּ) שֶׁאָכַלְנוּ מִשֶּׁלּוֹ וּבְטוּבוֹ חָיִינוּ.

*הַמְזַמֵּן חוֹזֵר וְאוֹמֵר:* בָּרוּךְ (אֱלֹהֵינוּ) שֶׁאָכַלְנוּ מִשֶּׁלּוֹ וּבְטוּבוֹ חָיִינוּ.

8. Blessing over Matzah

# Matzah

A specific blessing for matzah only said on night is now said:
Blessed are You, Lord our God, King of the Universe, who has sanctified us with His laws and commanded us to eat matzah.
Baruch Atah Ado-nai, Elo-heinu Melech Ha-olam, Asher Kid'shanu B'mitzvotav V'tzivanu Al Achilat matzah.

The matzah is passed among the participants and eaten. The serving can be supplemented by extra pieces of matzah.

9. Eating the Bitter Herbs

# Maror

A blessing is said over maror (bitter herbs—usually red or white horseradish).
Blessed are You, Lord our God, King of the Universe, who has sanctified us with His laws and commanded us to eat bitter herbs.
Baruch Atah Ado-nai, Elo-heinu Melech Ha-olam, Asher Kid'shanu B'mitzvotav V'tzivanu Al Achilat Maror.
The maror is eaten.

10. Matzah and Charoset Sandwich

# Korech

Each person makes a sandwich using two pieces of matzah with maror and charoset, a mixture of nuts, fruit, wine, and spices that symbolizes the mortar used by the Jewish people to make bricks while enslaved in Egypt. This is done in commemoration of an enactment made by the great sage Hillel, who
lived in the time of the Second Temple, to eat the Passover sacrifice together with matzah and maror in a sandwich.

**בָּרוּךְ אַתָּה יְיָ** אֱלֹהֵינוּ מֶלֶךְ הָעוֹלָם, הַזָּן אֶת הָעוֹלָם כֻּלּוֹ בְּטוּבוֹ בְּחֵן בְּחֶסֶד וּבְרַחֲמִים, הוּא נֹתֵן לֶחֶם לְכָל-בָּשָׂר כִּי לְעוֹלָם חַסְדּוֹ, וּבְטוּבוֹ הַגָּדוֹל תָּמִיד לֹא חָסַר לָנוּ וְאַל יֶחְסַר לָנוּ מָזוֹן לְעוֹלָם וָעֶד, בַּעֲבוּר שְׁמוֹ הַגָּדוֹל, כִּי הוּא אֵל זָן וּמְפַרְנֵס לַכֹּל, וּמֵטִיב לַכֹּל וּמֵכִין מָזוֹן לְכָל-בְּרִיּוֹתָיו אֲשֶׁר בָּרָא (בנוסח ספרד מוסיפים: כָּאָמוּר: פּוֹתֵחַ אֶת יָדֶךָ וּמַשְׂבִּיעַ לְכָל-חַי רָצוֹן). בָּרוּךְ אַתָּה יְיָ הַזָּן אֶת הַכֹּל.

**נוֹדֶה לְּךָ** יְיָ אֱלֹהֵינוּ עַל שֶׁהִנְחַלְתָּ לַאֲבוֹתֵינוּ אֶרֶץ חֶמְדָּה טוֹבָה וּרְחָבָה, וְעַל שֶׁהוֹצֵאתָנוּ יְיָ אֱלֹהֵינוּ מֵאֶרֶץ מִצְרַיִם וּפְדִיתָנוּ מִבֵּית עֲבָדִים, וְעַל בְּרִיתְךָ שֶׁחָתַמְתָּ בִּבְשָׂרֵנוּ וְעַל תּוֹרָתְךָ שֶׁלִּמַּדְתָּנוּ וְעַל חֻקֶּיךָ שֶׁהוֹדַעְתָּנוּ, וְעַל חַיִּים חֵן וָחֶסֶד שֶׁחוֹנַנְתָּנוּ, וְעַל אֲכִילַת מָזוֹן שָׁאַתָּה זָן וּמְפַרְנֵס אוֹתָנוּ תָּמִיד, בְּכָל יוֹם וּבְכָל עֵת וּבְכָל שָׁעָה.

**וְעַל הַכֹּל** יְיָ אֱלֹהֵינוּ אֲנַחְנוּ מוֹדִים לָךְ וּמְבָרְכִים אוֹתָךְ, יִתְבָּרַךְ שִׁמְךָ בְּפִי כָּל חַי תָּמִיד לְעוֹלָם וָעֶד, כַּכָּתוּב: "וְאָכַלְתָּ וְשָׂבָעְתָּ, וּבֵרַכְתָּ אֶת יְיָ אֱלֹהֶיךָ עַל הָאָרֶץ הַטֹּבָה אֲשֶׁר נָתַן לָךְ". בָּרוּךְ אַתָּה יְיָ, עַל הָאָרֶץ וְעַל הַמָּזוֹן.

**רַחֶם נָא** יְיָ אֱלֹהֵינוּ עַל יִשְׂרָאֵל עַמֶּךָ, וְעַל יְרוּשָׁלַיִם עִירֶךָ, וְעַל צִיּוֹן מִשְׁכַּן כְּבוֹדֶךָ, וְעַל מַלְכוּת בֵּית דָּוִד מְשִׁיחֶךָ, וְעַל הַבַּיִת הַגָּדוֹל וְהַקָּדוֹשׁ שֶׁנִּקְרָא שִׁמְךָ עָלָיו. אֱלֹהֵינוּ, אָבִינוּ, רְעֵנוּ, זוּנֵנוּ, פַּרְנְסֵנוּ וְכַלְכְּלֵנוּ וְהַרְוִיחֵנוּ, וְהַרְוַח לָנוּ יְיָ אֱלֹהֵינוּ מְהֵרָה מִכָּל צָרוֹתֵינוּ. וְנָא אַל תַּצְרִיכֵנוּ יְיָ אֱלֹהֵינוּ, לֹא לִידֵי מַתְּנַת בָּשָׂר וָדָם וְלֹא לִידֵי הַלְוָאָתָם, כִּי אִם לְיָדְךָ הַמְּלֵאָה הַפְּתוּחָה הַקְּדוֹשָׁה וְהָרְחָבָה, שֶׁלֹּא נֵבוֹשׁ וְלֹא נִכָּלֵם לְעוֹלָם וָעֶד.

*בְּשַׁבָּת מוֹסִיפִין:*

**רְצֵה וְהַחֲלִיצֵנוּ** יְיָ אֱלֹהֵינוּ בְּמִצְוֹתֶיךָ וּבְמִצְוַת יוֹם הַשְּׁבִיעִי הַשַּׁבָּת הַגָּדוֹל וְהַקָּדוֹשׁ הַזֶּה. כִּי יוֹם זֶה גָּדוֹל וְקָדוֹשׁ הוּא לְפָנֶיךָ לִשְׁבָּת בּוֹ וְלָנוּחַ בּוֹ בְּאַהֲבָה כְּמִצְוַת רְצוֹנֶךָ. וּבִרְצוֹנְךָ הָנִיחַ לָנוּ יְיָ אֱלֹהֵינוּ שֶׁלֹּא תְהֵא צָרָה וְיָגוֹן וַאֲנָחָה בְּיוֹם מְנוּחָתֵנוּ. וְהַרְאֵנוּ יְיָ אֱלֹהֵינוּ בְּנֶחָמַת צִיּוֹן עִירֶךָ וּבְבִנְיַן יְרוּשָׁלַיִם עִיר קָדְשֶׁךָ כִּי אַתָּה הוּא בַּעַל הַיְשׁוּעוֹת וּבַעַל הַנֶּחָמוֹת.

**אֱלֹהֵינוּ וֵאלֹהֵי אֲבוֹתֵינוּ**, יַעֲלֶה וְיָבֹא וְיַגִּיעַ, וְיֵרָאֶה וְיֵרָצֶה וְיִשָּׁמַע, וְיִפָּקֵד וְיִזָּכֵר זִכְרוֹנֵנוּ וּפִקְדוֹנֵנוּ וְזִכְרוֹן אֲבוֹתֵינוּ, וְזִכְרוֹן מָשִׁיחַ בֶּן דָּוִד עַבְדֶּךָ, וְזִכְרוֹן יְרוּשָׁלַיִם עִיר קָדְשֶׁךָ, וְזִכְרוֹן כָּל עַמְּךָ בֵּית יִשְׂרָאֵל לְפָנֶיךָ לִפְלֵטָה, לְטוֹבָה, לְחֵן וּלְחֶסֶד וּלְרַחֲמִים, לְחַיִּים וּלְשָׁלוֹם, בְּיוֹם חַג הַמַּצּוֹת הַזֶּה.

זָכְרֵנוּ יְיָ אֱלֹהֵינוּ בּוֹ לְטוֹבָה, וּפָקְדֵנוּ בוֹ לִבְרָכָה, וְהוֹשִׁיעֵנוּ בוֹ לְחַיִּים וּבִדְבַר יְשׁוּעָה וְרַחֲמִים חוּס וְחָנֵּנוּ, וְרַחֵם עָלֵינוּ וְהוֹשִׁיעֵנוּ, כִּי אֵלֶיךָ עֵינֵינוּ, כִּי אֵל מֶלֶךְ חַנּוּן וְרַחוּם אָתָּה.

**וּבְנֵה יְרוּשָׁלַיִם** עִיר הַקֹּדֶשׁ בִּמְהֵרָה בְיָמֵינוּ **בָּרוּךְ אַתָּה יְיָ**, בּוֹנֵה בְרַחֲמָיו יְרוּשָׁלָיִם. (בלחש אָמֵן).

***אם שכח בשבת לומר רצה:*** (בָּרוּךְ אַתָּה יְהוָה, אֱלֹהֵינוּ מֶלֶךְ הָעוֹלָם, שֶׁנָּתַן שַׁבָּתוֹת לִמְנוּחָה לְעַמּוֹ יִשְׂרָאֵל בְּאַהֲבָה לְאוֹת וְלִבְרִית. בָּרוּךְ אַתָּה יְהוָה, מְקַדֵּשׁ הַשַּׁבָּת)

***אם שכח יעלה ויבוא:*** (בָּרוּךְ אַתָּה יְהוָה, אֱלֹהֵינוּ מֶלֶךְ הָעוֹלָם, שֶׁנָּתַן יָמִים טוֹבִים לְעַמּוֹ יִשְׂרָאֵל לְשָׂשׂוֹן וּלְשִׂמְחָה, אֶת יוֹם (***אם שכח גם רצה:*** (הַשַּׁבָּת הַזֶּה וְאֶת יוֹם) חַג הַמַּצּוֹת הַזֶּה, אֶת יוֹם טוֹב מִקְרָא קֹדֶשׁ הַזֶּה. בָּרוּךְ אַתָּה יְהוָה, מְקַדֵּשׁ יִשְׂרָאֵל וְהַזְּמַנִּים).

11. Dinner
# Shulchan Orech
Passover dinner is served.

12. The Afikomen (Dessert Matzah)
# Tzafun
The piece of matzah put aside earlier as the Afikomen is eaten as a dessert..
It is traditional in some homes to hide the Afikomen for children to find before eating it, or for children to "steal" the Afikomen and "hold it ransom." Children who participate should be rewarded and praised at this point.

13. Grace after the Meal
# Barech
The cup of wine is refilled, and Birkat Ha-mazon, Grace after the Meal, is recited:
Blessed are You, Lord our God, King of the Universe, who sustains the entire world with goodness, grace, loving kindness, and compassion. He gives bread to all, for His grace is everlasting. And in His great goodness we have never lacked anything and we will never be deprived of food for the sake of His great name. For He is God who provides for all and does good for all and prepares food for all His creatures that He created. Blessed are You, Lord, who provides for all. God and God of our ancestors, may You remember us on this day of Passover to bless us with kindness and mercy for a life of peace and happiness.
We pray that He who establishes peace in the heavens grant peace for us, for all Israel, and all of mankind, and let us say, Amen.
Oseh Shalom Bim-romav Hu Yaaseh Shalom Aleinu Ve-al Kol Yisrael Ve-Imru Amen

**בָּרוּךְ אַתָּה יְיָ,** אֱלֹהֵינוּ מֶלֶךְ הָעוֹלָם, הָאֵל אָבִינוּ, מַלְכֵּנוּ, אַדִּירֵנוּ, בּוֹרְאֵנוּ, גּוֹאֲלֵנוּ, יוֹצְרֵנוּ, קְדוֹשֵׁנוּ קְדוֹשׁ יַעֲקֹב, רוֹעֵנוּ רוֹעֵה יִשְׂרָאֵל, הַמֶּלֶךְ הַטּוֹב וְהַמֵּטִיב לַכֹּל, שֶׁבְּכָל יוֹם וָיוֹם הוּא הֵטִיב, הוּא מֵטִיב, הוּא יֵיטִיב לָנוּ. הוּא גְמָלָנוּ הוּא גוֹמְלֵנוּ הוּא יִגְמְלֵנוּ לָעַד, לְחֵן וּלְחֶסֶד וּלְרַחֲמִים וּלְרֶוַח הַצָּלָה וְהַצְלָחָה, בְּרָכָה וִישׁוּעָה, נֶחָמָה פַּרְנָסָה וְכַלְכָּלָה, וְרַחֲמִים וְחַיִּים וְשָׁלוֹם וְכָל טוֹב; וּמִכָּל טוּב לְעוֹלָם אַל יְחַסְּרֵנוּ.

הָרַחֲמָן הוּא יִמְלוֹךְ עָלֵינוּ לְעוֹלָם וָעֶד.

הָרַחֲמָן הוּא יִתְבָּרַךְ בַּשָּׁמַיִם וּבָאָרֶץ.

הָרַחֲמָן הוּא יִשְׁתַּבַּח לְדוֹר דּוֹרִים, וְיִתְפָּאַר בָּנוּ לָעַד וּלְנֵצַח נְצָחִים, וְיִתְהַדַּר בָּנוּ לָעַד וּלְעוֹלְמֵי עוֹלָמִים.

הָרַחֲמָן הוּא יְפַרְנְסֵנוּ בְּכָבוֹד.

הָרַחֲמָן הוּא יִשְׁבּוֹר עֻלֵּנוּ מֵעַל צַוָּארֵנוּ, וְהוּא יוֹלִיכֵנוּ קוֹמְמִיּוּת לְאַרְצֵנוּ.

הָרַחֲמָן הוּא יִשְׁלַח לָנוּ בְּרָכָה מְרֻבָּה בַּבַּיִת הַזֶּה, וְעַל שֻׁלְחָן זֶה שֶׁאָכַלְנוּ עָלָיו.

הָרַחֲמָן הוּא יִשְׁלַח לָנוּ אֶת אֵלִיָּהוּ הַנָּבִיא זָכוּר לַטּוֹב, וִיבַשֶּׂר לָנוּ בְּשׂוֹרוֹת טוֹבוֹת יְשׁוּעוֹת וְנֶחָמוֹת.

***בבית אביו אומר:*** הָרַחֲמָן הוּא יְבָרֵךְ אֶת אָבִי מוֹרִי בַּעַל הַבַּיִת הַזֶּה, וְאֶת אִמִּי מוֹרָתִי בַּעֲלַת הַבַּיִת הַזֶּה.

***נשוי אומר:*** הָרַחֲמָן הוּא יְבָרֵךְ אוֹתִי, (***אם אביו ואמו בחיים:*** וְאֶת אָבִי מוֹרִי, וְאֶת אִמִּי מוֹרָתִי,) וְאֶת אִשְׁתִּי, וְאֶת זַרְעִי, וְאֶת כָּל אֲשֶׁר לִי.

***אשה נשואה אומרת:*** הָרַחֲמָן הוּא יְבָרֵךְ אוֹתִי, (***אם אביה ואמה בחיים:*** וְאֶת אָבִי מוֹרִי, וְאֶת אִמִּי מוֹרָתִי,) וְאֶת בַּעְלִי, וְאֶת זַרְעִי, וְאֶת כָּל אֲשֶׁר לִי.

***אורח אומר:*** הָרַחֲמָן הוּא יְבָרֵךְ אֶת בַּעַל הַבַּיִת הַזֶּה וְאֶת בַּעֲלַת הַבַּיִת הַזֶּה, אוֹתָם וְאֶת בֵּיתָם וְאֶת זַרְעָם וְאֶת כָּל אֲשֶׁר לָהֶם.

יְהִי רָצוֹן, שֶׁלֹּא יֵבוֹשׁ בַּעַל הַבַּיִת בָּעוֹלָם הַזֶּה, וְלֹא יִכָּלֵם לָעוֹלָם הַבָּא, וְיַצְלִיחַ מְאֹד בְּכָל נְכָסָיו, וְיִהְיוּ נְכָסָיו וּנְכָסֵינוּ מֻצְלָחִים וּקְרוֹבִים לָעִיר, וְאַל יִשְׁלֹט שָׂטָן לֹא בְּמַעֲשֵׂי יָדָיו וְלֹא בְּמַעֲשֵׂי יָדֵינוּ, וְאַל יִזְדַּקֵּק לֹא לְפָנָיו וְלֹא לְפָנֵינוּ שׁוּם דְּבַר הִרְהוּר חֵטְא וַעֲבֵרָה וְעָוֹן מֵעַתָּה וְעַד עוֹלָם.

***בסעודה משותפת אומר:*** הָרַחֲמָן הוּא יְבָרֵךְ אֶת כָּל הַמְּסֻבִּין כָּאן, אוֹתָם וְאֶת בֵּיתָם וְאֶת זַרְעָם וְאֶת כָּל אֲשֶׁר לָהֶם.

אוֹתָנוּ וְאֶת כָּל אֲשֶׁר לָנוּ, כְּמוֹ שֶׁנִּתְבָּרְכוּ אֲבוֹתֵינוּ אַבְרָהָם יִצְחָק וְיַעֲקֹב "בַּכֹּל"-"מִכֹּל"-"כֹּל" – כֵּן יְבָרֵךְ אוֹתָנוּ כֻּלָּנוּ יַחַד בִּבְרָכָה שְׁלֵמָה. וְנֹאמַר: "אָמֵן".

בַּמָּרוֹם יְלַמְּדוּ עֲלֵיהֶם וְעָלֵינוּ זְכוּת שֶׁתְּהֵא לְמִשְׁמֶרֶת שָׁלוֹם. וְנִשָּׂא בְרָכָה מֵאֵת יְיָ, וּצְדָקָה מֵאֱלֹהֵי יִשְׁעֵנוּ, וְנִמְצָא חֵן וְשֵׂכֶל טוֹב בְּעֵינֵי אֱלֹהִים וְאָדָם.

***בשבת:*** הָרַחֲמָן הוּא יַנְחִילֵנוּ יוֹם שֶׁכֻּלּוֹ שַׁבָּת וּמְנוּחָה לְחַיֵּי הָעוֹלָמִים.

הָרַחֲמָן הוּא יַנְחִילֵנוּ יוֹם שֶׁכֻּלּוֹ טוֹב, יוֹם שֶׁכֻּלּוֹ אָרוֹךְ, יוֹם שֶׁצַּדִּיקִים יוֹשְׁבִים וְעַטְרוֹתֵיהֶם בְּרָאשֵׁיהֶם וְנֶהֱנִין מִזִּיו הַשְּׁכִינָה, וִיהִי חֶלְקֵנוּ עִמָּהֶם.

הָרַחֲמָן הוּא יְזַכֵּנוּ לִימוֹת הַמָּשִׁיחַ וּלְחַיֵּי הָעוֹלָם הַבָּא.

A blessing over the third cup of wine is recited:
Blessed are You, Lord our God, King of the Universe, who creates the fruit of the vine.
Baruch Atah Ado-nai Elo-heinu Melech Ha-olam Boreh Pree Ha-ga-fen.

We drink the third cup of wine.
Welcoming Elijah
The fourth and final cup of wine is now filled. An additional cup is then filled and set aside for the prophet Elijah (Eliyahu). Tradition says that Elijah, who will precede the arrival of the Messiah, makes an appearance at every .
We traditionally open a door to the home to allow Elijah to enter and sing the song Eliyahu Hanavi:
Elijah the Prophet, Elijah the Tishbite, Elijah the Giladite, may he come speedily to us in our days along with Messiah the son of David.
Eliyahu Hanavi, Eliyahu Hatishbi, Eliyahu Hagiladi, Bimheirah Yavo Eileinu Im Mashiach Ben David.

14. Praises and Blessings

# Hallel

Selections from Psalms (poems from the Bible) are recited, continuing our praise of God for redeeming on ancestors from Egypt and his continuous protection. Psalm 135 can be said responsively. Participants can take turns reciting the first part of the verse while the rest recite the conclusion of the verse.
Psalm 135
Hodu LAdo-nai Ki Tov Ki Le-olam Has-do

O give thanks unto the Lord, for He is good, for His mercy endures for ever.
O give thanks unto the God of gods, for His mercy endures for ever.
O give thanks unto the Lord of lords, for His mercy endures for ever.
To Him who alone doeth great wonders, for His mercy endures for ever.
To Him that by understanding made the heavens, for His mercy endures for ever.

**מִגְדּוֹל יְשׁוּעוֹת מַלְכּוֹ**, וְעֹשֶׂה חֶסֶד לִמְשִׁיחוֹ, לְדָוִד וּלְזַרְעוֹ עַד עוֹלָם. עֹשֶׂה שָׁלוֹם בִּמְרוֹמָיו, הוּא יַעֲשֶׂה שָׁלוֹם עָלֵינוּ וְעַל כָּל יִשְׂרָאֵל. וְאִמְרוּ: "אָמֵן".

יְראוּ אֶת יְיָ קְדשָׁיו, כִּי אֵין מַחְסוֹר לִירֵאָיו. כְּפִירִים רָשׁוּ וְרָעֵבוּ, וְדֹרְשֵׁי יְיָ לֹא יַחְסְרוּ כָל טוֹב. הוֹדוּ לַיְיָ כִּי טוֹב, כִּי לְעוֹלָם חַסְדּוֹ. פּוֹתֵחַ אֶת יָדֶךָ, וּמַשְׂבִּיעַ לְכָל חַי רָצוֹן. בָּרוּךְ הַגֶּבֶר אֲשֶׁר יִבְטַח בַּיְיָ, וְהָיָה יְיָ מִבְטַחוֹ. נַעַר הָיִיתִי גַּם זָקַנְתִּי, וְלֹא רָאִיתִי צַדִּיק נֶעֱזָב, וְזַרְעוֹ מְבַקֶּשׁ לָחֶם. יְיָ עֹז לְעַמּוֹ יִתֵּן, יְיָ יְבָרֵךְ אֶת עַמּוֹ בַשָּׁלוֹם.

**בָּרוּךְ אַתָּה יְיָ אֱלֹהֵינוּ מֶלֶךְ הָעוֹלָם בּוֹרֵא פְּרִי הַגָּפֶן.**

***שׁוֹתִין בְּהַסָּבַת שְׂמֹאל.***

***נוהגים לפתוח הדלת, למזוג כוס (לכבודו של אליהו הנביא) ולהכריז:***

**שְׁפֹךְ חֲמָתְךָ** אֶל הַגּוֹיִם אֲשֶׁר לֹא יְדָעוּךָ וְעַל מַמְלָכוֹת אֲשֶׁר בְּשִׁמְךָ לֹא קָרָאוּ. כִּי אָכַל אֶת יַעֲקֹב וְאֶת נָוֵהוּ הֵשַׁמּוּ. שְׁפָךְ עֲלֵיהֶם זַעְמֶךָ וַחֲרוֹן אַפְּךָ יַשִּׂיגֵם. תִּרְדֹף בְּאַף וְתַשְׁמִידֵם מִתַּחַת שְׁמֵי יְיָ.

# הַלֵּל

***מוזגים כוס רביעי ואומרים עליו את ההלל:***

**לֹא לָנוּ** יְיָ לֹא לָנוּ, כִּי לְשִׁמְךָ תֵּן כָּבוֹד, עַל חַסְדְּךָ, עַל אֲמִתֶּךָ. לָמָּה יֹאמְרוּ הַגּוֹיִם אַיֵּה נָא אֱלֹהֵיהֶם, וֵאלֹהֵינוּ בַשָּׁמָיִם, כֹּל אֲשֶׁר חָפֵץ עָשָׂה. עֲצַבֵּיהֶם כֶּסֶף וְזָהָב מַעֲשֵׂה יְדֵי אָדָם. פֶּה לָהֶם וְלֹא יְדַבֵּרוּ, עֵינַיִם לָהֶם וְלֹא יִרְאוּ. אָזְנַיִם לָהֶם וְלֹא יִשְׁמָעוּ, אַף לָהֶם וְלֹא יְרִיחוּן. יְדֵיהֶם וְלֹא יְמִישׁוּן, רַגְלֵיהֶם וְלֹא יְהַלֵּכוּ, לֹא יֶהְגּוּ בִּגְרוֹנָם. כְּמוֹהֶם יִהְיוּ עֹשֵׂיהֶם, כֹּל אֲשֶׁר בֹּטֵחַ בָּהֶם. יִשְׂרָאֵל בְּטַח בַּיְיָ, עֶזְרָם וּמָגִנָּם הוּא. בֵּית אַהֲרֹן בִּטְחוּ בַיְיָ, עֶזְרָם וּמָגִנָּם הוּא. יִרְאֵי יְיָ בִּטְחוּ בַיְיָ, עֶזְרָם וּמָגִנָּם הוּא.

**יְיָ זְכָרָנוּ יְבָרֵךְ**, יְבָרֵךְ אֶת בֵּית יִשְׂרָאֵל, יְבָרֵךְ אֶת בֵּית אַהֲרֹן. יְבָרֵךְ יִרְאֵי יְיָ, הַקְּטַנִּים עִם הַגְּדֹלִים. יֹסֵף יְיָ עֲלֵיכֶם, עֲלֵיכֶם וְעַל בְּנֵיכֶם. בְּרוּכִים אַתֶּם לַיְיָ, עֹשֵׂה שָׁמַיִם וָאָרֶץ. הַשָּׁמַיִם שָׁמַיִם לַיְיָ וְהָאָרֶץ נָתַן לִבְנֵי אָדָם. לֹא הַמֵּתִים יְהַלְלוּ יָהּ וְלֹא כָּל יֹרְדֵי דוּמָה. וַאֲנַחְנוּ נְבָרֵךְ יָהּ מֵעַתָּה וְעַד עוֹלָם. הַלְלוּיָהּ:

**אָהַבְתִּי כִּי יִשְׁמַע** יְיָ אֶת קוֹלִי, תַּחֲנוּנָי. כִּי הִטָּה אָזְנוֹ לִי וּבְיָמַי אֶקְרָא. אֲפָפוּנִי חֶבְלֵי מָוֶת וּמְצָרֵי שְׁאוֹל מְצָאוּנִי, צָרָה וְיָגוֹן אֶמְצָא. וּבְשֵׁם יְיָ אֶקְרָא, אָנָּא יְיָ מַלְּטָה נַפְשִׁי. חַנּוּן יְיָ וְצַדִּיק, וֵאלֹהֵינוּ מְרַחֵם. שֹׁמֵר פְּתָאִים יְיָ, דַּלּוֹתִי וְלִי יְהוֹשִׁיעַ. שׁוּבִי נַפְשִׁי לִמְנוּחָיְכִי, כִּי יְיָ גָּמַל עָלָיְכִי. כִּי חִלַּצְתָּ נַפְשִׁי מִמָּוֶת, אֶת עֵינִי מִן דִּמְעָה, אֶת רַגְלִי מִדֶּחִי. אֶתְהַלֵּךְ לִפְנֵי יְיָ בְּאַרְצוֹת הַחַיִּים. הֶאֱמַנְתִּי כִּי אֲדַבֵּר, אֲנִי עָנִיתִי מְאֹד. אֲנִי אָמַרְתִּי בְחָפְזִי, כָּל הָאָדָם כֹּזֵב.

**מָה אָשִׁיב** לַיְיָ כָּל תַּגְמוּלוֹהִי עָלָי. כּוֹס יְשׁוּעוֹת אֶשָּׂא וּבְשֵׁם יְיָ אֶקְרָא. נְדָרַי לַיְיָ אֲשַׁלֵּם נֶגְדָה נָּא לְכָל עַמּוֹ. יָקָר בְּעֵינֵי יְיָ הַמָּוְתָה לַחֲסִידָיו. אָנָּא יְיָ כִּי אֲנִי עַבְדֶּךָ, אֲנִי עַבְדְּךָ בֶּן אֲמָתֶךָ, פִּתַּחְתָּ לְמוֹסֵרָי. לְךָ אֶזְבַּח זֶבַח תּוֹדָה וּבְשֵׁם יְיָ אֶקְרָא. נְדָרַי לַיְיָ אֲשַׁלֵּם נֶגְדָה נָּא לְכָל עַמּוֹ. בְּחַצְרוֹת בֵּית יְיָ, בְּתוֹכֵכִי יְרוּשָׁלָיִם, הַלְלוּיָהּ:

הַלְלוּ אֶת יְיָ כָּל גּוֹיִם, שַׁבְּחוּהוּ כָּל הָאֻמִּים. כִּי גָבַר עָלֵינוּ חַסְדּוֹ, וֶאֱמֶת יְיָ לְעוֹלָם, הַלְלוּיָהּ:

***אִם יֵשׁ שְׁלֹשָׁה אֲנָשִׁים או יותר, עורך הסדר אומר את הפסוק ("הודו...", "יאמר נא...", "יאמרו נא..."), והשאר עונים אחריו "הודו ליי כי טוב כי לעולם חסדו" (ולא את הפסוק עצמו).***

To Him that spread forth the earth above the waters, for His mercy endures for ever.
To Him that made great lights, for His mercy endures for ever;
The sun to rule by day, for His mercy endures for ever;
The moon and stars to rule by night, for His mercy endures for ever.
To Him that smote Egypt in their first-born, for His mercy endures for ever;
And brought out Israel from among them, for His mercy endures for ever;
With a strong hand, and with an outstretched arm, for His mercy endures for ever.
To Him who divided the Red Sea in sunder, for His mercy endures for ever;
And made Israel to pass through the midst of it, for His mercy endures for ever;
But overthrew Pharaoh and his host in the Red Sea, for His mercy endures for ever.
To Him that led His people through the wilderness, for His mercy endures for ever.

To Him that smote great kings; for His mercy endures for ever;
And slew mighty kings, for His mercy endures for ever.
(like) Sihon king of the Amorites, for His mercy endures for ever;
And Og king of Bashan, for His mercy endures for ever;
And gave their land for a heritage, for His mercy endures for ever;
Even a heritage unto Israel His servant, for His mercy endures for ever.
Who remembered us in our low estate, for His mercy endures for ever;
And hath delivered us from our adversaries, for His mercy endures for ever.
Who giveth food to all flesh, for His mercy endures for ever.
O give thanks unto the God of heaven, for His mercy endures for ever.

The blessing over the fourth cup of wine is recited:
Blessed are You, Lord our God, King of the Universe, who creates the fruit of the vine.
Baruch Atah Ado-nai Elo-heinu Melech Ha-olam Boreh Pree Ha-ga-fen.

הוֹדוּ לַיְיָ כִּי טוֹב כִּי לְעוֹלָם חַסְדּוֹ.

יֹאמַר נָא יִשְׂרָאֵל כִּי לְעוֹלָם חַסְדּוֹ.

יֹאמְרוּ נָא בֵית אַהֲרֹן כִּי לְעוֹלָם חַסְדּוֹ.

יֹאמְרוּ נָא יִרְאֵי יְיָ כִּי לְעוֹלָם חַסְדּוֹ.

**מִן הַמֵּצַר** קָרָאתִי יָּהּ, עָנָנִי בַמֶּרְחָב יָהּ. יְיָ לִי לֹא אִירָא, מַה יַּעֲשֶׂה לִי אָדָם. יְיָ לִי בְּעֹזְרָי וַאֲנִי אֶרְאֶה בְשׂנְאָי. טוֹב לַחֲסוֹת בַּיְיָ מִבְּטֹחַ בָּאָדָם. טוֹב לַחֲסוֹת בַּיְיָ מִבְּטֹחַ בִּנְדִיבִים. כָּל גּוֹיִם סְבָבוּנִי, בְּשֵׁם יְיָ כִּי אֲמִילַם. סַבּוּנִי גַם סְבָבוּנִי, בְּשֵׁם יְיָ כִּי אֲמִילַם. סַבּוּנִי כִדְבֹרִים, דֹּעֲכוּ כְּאֵשׁ קוֹצִים, בְּשֵׁם יְיָ כִּי אֲמִילַם. דָּחֹה דְחִיתַנִי לִנְפֹּל, וַיְיָ עֲזָרָנִי. עָזִּי וְזִמְרָת יָהּ וַיְהִי לִי לִישׁוּעָה. קוֹל רִנָּה וִישׁוּעָה בְּאָהֳלֵי צַדִּיקִים, יְמִין יְיָ עֹשָׂה חָיִל, יְמִין יְיָ רוֹמֵמָה, יְמִין יְיָ עֹשָׂה חָיִל. לֹא אָמוּת כִּי אֶחְיֶה, וַאֲסַפֵּר מַעֲשֵׂי יָהּ. יַסֹּר יִסְּרַנִּי יָּהּ, וְלַמָּוֶת לֹא נְתָנָנִי. פִּתְחוּ לִי שַׁעֲרֵי צֶדֶק, אָבֹא בָם, אוֹדֶה יָהּ, זֶה הַשַּׁעַר לַיְיָ, צַדִּיקִים יָבֹאוּ בוֹ. אוֹדְךָ כִּי עֲנִיתָנִי וַתְּהִי לִי לִישׁוּעָה. אוֹדְךָ כִּי עֲנִיתָנִי וַתְּהִי לִי לִישׁוּעָה. אֶבֶן מָאֲסוּ הַבּוֹנִים הָיְתָה לְרֹאשׁ פִּנָּה. אֶבֶן מָאֲסוּ הַבּוֹנִים הָיְתָה לְרֹאשׁ פִּנָּה. מֵאֵת יְיָ הָיְתָה זֹּאת הִיא נִפְלָאת בְּעֵינֵינוּ. מֵאֵת יְיָ הָיְתָה זֹּאת הִיא נִפְלָאת בְּעֵינֵינוּ. זֶה הַיּוֹם עָשָׂה יְיָ נָגִילָה וְנִשְׂמְחָה בוֹ. זֶה הַיּוֹם עָשָׂה יְיָ נָגִילָה וְנִשְׂמְחָה בוֹ.

**אִם יֵשׁ שְׁלֹשָׁה אֲנָשִׁים, אוֹמְרִים פָּסוּק בְּפָסוּק**

אָנָּא יְיָ הוֹשִׁיעָה נָּא. אָנָּא יְיָ הוֹשִׁיעָה נָּא.

אָנָּא יְיָ הַצְלִיחָה נָּא. אָנָּא יְיָ הַצְלִיחָה נָּא.

בָּרוּךְ הַבָּא בְּשֵׁם יְיָ. בֵּרַכְנוּכֶם מִבֵּית יְיָ. בָּרוּךְ הַבָּא בְּשֵׁם יְיָ.

בֵּרַכְנוּכֶם מִבֵּית יְיָ. אֵל יְיָ וַיָּאֶר לָנוּ, אִסְרוּ חַג בַּעֲבֹתִים עַד קַרְנוֹת הַמִּזְבֵּחַ.

אֵל יְיָ וַיָּאֶר לָנוּ. אִסְרוּ חַג בַּעֲבֹתִים עַד קַרְנוֹת הַמִּזְבֵּחַ.

אֵלִי אַתָּה וְאוֹדֶךָּ, אֱלֹהַי אֲרוֹמְמֶךָּ. אֵלִי אַתָּה וְאוֹדֶךָּ, אֱלֹהַי אֲרוֹמְמֶךָּ.

הוֹדוּ לַיְיָ כִּי טוֹב, כִּי לְעוֹלָם חַסְדּוֹ.

הוֹדוּ לַיְיָ כִּי טוֹב, כִּי לְעוֹלָם חַסְדּוֹ.

יְהַלְלוּךָ יְיָ אֱלֹהֵינוּ כָּל מַעֲשֶׂיךָ, וַחֲסִידֶיךָ צַדִּיקִים עוֹשֵׂי רְצוֹנֶךָ, וְכָל עַמְּךָ בֵּית יִשְׂרָאֵל בְּרִנָּה יוֹדוּ וִיבָרְכוּ, וִישַׁבְּחוּ וִיפָאֲרוּ, וִירוֹמְמוּ וְיַעֲרִיצוּ, וְיַקְדִּישׁוּ וְיַמְלִיכוּ אֶת שִׁמְךָ, מַלְכֵּנוּ. כִּי לְךָ טוֹב לְהוֹדוֹת וּלְשִׁמְךָ נָאֶה לְזַמֵּר, כִּי מֵעוֹלָם וְעַד עוֹלָם אַתָּה אֵל.

The fourth cup of wine is drunk:

15. Closing Section

# Nirtzah

We conclude the official part of the  with a final prayer asking God to bring the Messianic Era, when all of us will be gathered to Jerusalem as all humankind dwells in peace.

We have finished the Passover  according to its precepts and customs.
Next Year in Jerusalem!!
Lishana Ha-baah Bi-yerushalyim

## Next year, may we all dwell in peace!

It is traditional to conclude the  with fun songs geared towards the young members.

| כִּי לְעוֹלָם חַסְדּוֹ | הוֹדוּ לַיהוָה כִּי טוֹב - |
|---|---|
| כִּי לְעוֹלָם חַסְדּוֹ | הוֹדוּ לֵאלֹהֵי הָאֱלֹהִים - |
| כִּי לְעוֹלָם חַסְדּוֹ | הוֹדוּ לַאֲדֹנֵי הָאֲדֹנִים - |
| כִּי לְעוֹלָם חַסְדּוֹ | לְעֹשֵׂה נִפְלָאוֹת גְּדֹלוֹת לְבַדּוֹ - |
| כִּי לְעוֹלָם חַסְדּוֹ | לְעֹשֵׂה הַשָּׁמַיִם בִּתְבוּנָה - |
| כִּי לְעוֹלָם חַסְדּוֹ | לְרוֹקַע הָאָרֶץ עַל הַמָּיִם - |
| כִּי לְעוֹלָם חַסְדּוֹ | לְעֹשֵׂה אוֹרִים גְּדֹלִים - |
| כִּי לְעוֹלָם חַסְדּוֹ | אֶת הַשֶּׁמֶשׁ לְמֶמְשֶׁלֶת בַּיּוֹם - |
| כִּי לְעוֹלָם חַסְדּוֹ | אֶת הַיָּרֵחַ וְכוֹכָבִים לְמֶמְשְׁלוֹת בַּלָּיְלָה - |
| כִּי לְעוֹלָם חַסְדּוֹ | לְמַכֵּה מִצְרַיִם בִּבְכוֹרֵיהֶם - |
| כִּי לְעוֹלָם חַסְדּוֹ | וַיּוֹצֵא יִשְׂרָאֵל מִתּוֹכָם - |
| כִּי לְעוֹלָם חַסְדּוֹ | בְּיָד חֲזָקָה וּבִזְרוֹעַ נְטוּיָה - |
| כִּי לְעוֹלָם חַסְדּוֹ | לְגֹזֵר יַם סוּף לִגְזָרִים - |
| כִּי לְעוֹלָם חַסְדּוֹ | וְהֶעֱבִיר יִשְׂרָאֵל בְּתוֹכוֹ - |
| כִּי לְעוֹלָם חַסְדּוֹ | וְנִעֵר פַּרְעֹה וְחֵילוֹ בְיַם סוּף - |
| כִּי לְעוֹלָם חַסְדּוֹ | לְמוֹלִיךְ עַמּוֹ בַּמִּדְבָּר |
| כִּי לְעוֹלָם חַסְדּוֹ | לְמַכֵּה מְלָכִים גְּדֹלִים |
| כִּי לְעוֹלָם חַסְדּוֹ | וַיַּהֲרֹג מְלָכִים אַדִּירִים - |
| כִּי לְעוֹלָם חַסְדּוֹ | לְסִיחוֹן מֶלֶךְ הָאֱמֹרִי - |
| כִּי לְעוֹלָם חַסְדּוֹ | וּלְעוֹג מֶלֶךְ הַבָּשָׁן - |
| כִּי לְעוֹלָם חַסְדּוֹ | וְנָתַן אַרְצָם לְנַחֲלָה - |
| כִּי לְעוֹלָם חַסְדּוֹ | נַחֲלָה לְיִשְׂרָאֵל עַבְדּוֹ - |
| כִּי לְעוֹלָם חַסְדּוֹ | שֶׁבְּשִׁפְלֵנוּ זָכַר לָנוּ - |
| כִּי לְעוֹלָם חַסְדּוֹ | וַיִּפְרְקֵנוּ מִצָּרֵינוּ - |
| כִּי לְעוֹלָם חַסְדּוֹ | נֹתֵן לֶחֶם לְכָל בָּשָׂר - |
| כִּי לְעוֹלָם חַסְדּוֹ | הוֹדוּ לְאֵל הַשָּׁמָיִם - |

# SONGS

### Had Gadya–One Little Goat

Had gadya, had gadya.
My father bought for two zuzim.
Had gadya, had gadya.
Then came the cat and ate the goat,
My father bought for two zuzim.
Had gadya, had gadya.
Then came the dog and bit the cat,
that ate the goat,
My father bought for two zuzim.
Had gadya, had gadya.
Then came the stick and beat the dog,
that bit the cat that ate the goat,
My father bought for two zuzim.
Had gadya, had gadya.
Then came the fire and burned the stick,
that beat the dog that bit the cat,
that ate the goat,
My father bought for two zuzim.
Had gadya, had gadya.
Then came the water and quenched the fire,
that burned the stick that beat the dog,
that bit the cat that ate the goat,
My father bought for two zuzim.
Had gadya, had gadya.
Then came the ox and drank the water,
that quenched the fire that burned the stick,
that beat the dog that bit the cat,
that ate the goat,
My father bought for two zuzim.
Had gadya, had gadya.
Then came the butcher and slew the ox,
that drank the water that quenched the fire,
that burned the stick that beat the dog,
that bit the cat that ate the goat,
My father bought for two zuzim.
Had gadya, had gadya.
Then came the angel of death,
and killed the butcher that slew the ox,
that drank the water that quenched the fire,
that burned the stick that beat the dog,
that bit the cat that ate the goat,
My father bought for two zuzim.
Had gadya, had gadya.
Then came the Holy One, blessed be He!
And destroyed the Angel of death,
that killed the butcher that slew the ox,
that drank the water that quenched the fire,
that burned the stick that beat the dog,
that bit the cat that ate the goat,
My father bought for two zuzim.
Had gadya, had gadya.

**נִשְׁמַת כָּל חַי** תְּבָרֵךְ אֶת שִׁמְךָ יְיָ אֱלֹהֵינוּ, וְרוּחַ כָּל בָּשָׂר תְּפָאֵר וּתְרוֹמֵם זִכְרְךָ מַלְכֵּנוּ תָּמִיד. מִן הָעוֹלָם וְעַד הָעוֹלָם אַתָּה אֵל, וּמִבַּלְעָדֶיךָ אֵין לָנוּ מֶלֶךְ גּוֹאֵל וּמוֹשִׁיעַ, פּוֹדֶה וּמַצִּיל וּמְפַרְנֵס וּמְרַחֵם בְּכָל עֵת צָרָה וְצוּקָה. אֵין לָנוּ מֶלֶךְ אֶלָּא אָתָּה. אֱלֹהֵי הָרִאשׁוֹנִים וְהָאַחֲרוֹנִים, אֱלוֹהַּ כָּל בְּרִיּוֹת, אֲדוֹן כָּל תּוֹלָדוֹת, הַמְהֻלָּל בְּרֹב הַתִּשְׁבָּחוֹת, הַמְנַהֵג עוֹלָמוֹ בְּחֶסֶד וּבְרִיּוֹתָיו בְּרַחֲמִים. יְיָ לֹא יָנוּם וְלֹא יִישָׁן, הַמְעוֹרֵר יְשֵׁנִים וְהַמֵּקִיץ נִרְדָּמִים, וְהַמֵּשִׂיחַ אִלְּמִים וְהַמַּתִּיר אֲסוּרִים, וְהַסּוֹמֵךְ נוֹפְלִים וְהַזּוֹקֵף כְּפוּפִים, לְךָ לְבַדְּךָ אֲנַחְנוּ מוֹדִים.

אִלּוּ פִינוּ מָלֵא שִׁירָה כַּיָּם, וּלְשׁוֹנֵנוּ רִנָּה כַּהֲמוֹן גַּלָּיו, וְשִׂפְתוֹתֵינוּ שֶׁבַח כְּמֶרְחֲבֵי רָקִיעַ, וְעֵינֵינוּ מְאִירוֹת כַּשֶּׁמֶשׁ וְכַיָּרֵחַ, וְיָדֵינוּ פְרוּשׂוֹת כְּנִשְׁרֵי שָׁמָיִם, וְרַגְלֵינוּ קַלּוֹת כָּאַיָּלוֹת, אֵין אֲנַחְנוּ מַסְפִּיקִים לְהוֹדוֹת לְךָ, יְיָ אֱלֹהֵינוּ וֵאלֹהֵי אֲבוֹתֵינוּ, וּלְבָרֵךְ אֶת שְׁמֶךָ, עַל אַחַת מֵאֶלֶף אַלְפֵי אֲלָפִים וְרִבֵּי רְבָבוֹת פְּעָמִים הַטּוֹבוֹת שֶׁעָשִׂיתָ עִם אֲבוֹתֵינוּ וְעִמָּנוּ. מִמִּצְרַיִם גְּאַלְתָּנוּ, יְיָ אֱלֹהֵינוּ, וּמִבֵּית עֲבָדִים פְּדִיתָנוּ, בְּרָעָב זַנְתָּנוּ וּבְשָׂבָע כִּלְכַּלְתָּנוּ, מֵחֶרֶב הִצַּלְתָּנוּ וּמִדֶּבֶר מִלַּטְתָּנוּ, וּמֵחֳלָיִם רָעִים וְרַבִּים וְנֶאֱמָנִים דִּלִּיתָנוּ. עַד הֵנָּה עֲזָרוּנוּ רַחֲמֶיךָ וְלֹא עֲזָבוּנוּ חֲסָדֶיךָ, וְאַל תִּטְּשֵׁנוּ יְיָ אֱלֹהֵינוּ לָנֶצַח. עַל כֵּן אֵבָרִים שֶׁפִּלַּגְתָּ בָּנוּ וְרוּחַ וּנְשָׁמָה שֶׁנָּפַחְתָּ בְּאַפֵּינוּ וְלָשׁוֹן אֲשֶׁר שַׂמְתָּ בְּפִינוּ, הֵן הֵם יוֹדוּ וִיבָרְכוּ וִישַׁבְּחוּ וִיפָאֲרוּ וִירוֹמְמוּ וְיַעֲרִיצוּ וְיַקְדִּישׁוּ וְיַמְלִיכוּ אֶת שִׁמְךָ מַלְכֵּנוּ. כִּי כָל פֶּה לְךָ יוֹדֶה, וְכָל לָשׁוֹן לְךָ תִשָּׁבַע, וְכָל בֶּרֶךְ לְךָ תִכְרַע, וְכָל קוֹמָה לְפָנֶיךָ תִשְׁתַּחֲוֶה, וְכָל לְבָבוֹת יִירָאוּךָ, וְכָל קֶרֶב וּכְלָיוֹת יְזַמְּרוּ לִשְׁמֶךָ, כַּדָּבָר שֶׁכָּתוּב, כָּל עַצְמוֹתַי תֹּאמַרְנָה: יְיָ, מִי כָמוֹךָ, מַצִּיל עָנִי מֵחָזָק מִמֶּנּוּ וְעָנִי וְאֶבְיוֹן מִגֹּזְלוֹ. מִי יִדְמֶה לָּךְ וּמִי יִשְׁוֶה לָּךְ וּמִי יַעֲרָךְ לָךְ, הָאֵל הַגָּדוֹל, הַגִּבּוֹר וְהַנּוֹרָא, אֵל עֶלְיוֹן, קֹנֵה שָׁמַיִם וָאָרֶץ. נְהַלֶּלְךָ וּנְשַׁבֵּחֲךָ וּנְפָאֶרְךָ וּנְבָרֵךְ אֶת שֵׁם קָדְשֶׁךָ, כָּאָמוּר: לְדָוִד, בָּרְכִי נַפְשִׁי אֶת יְיָ וְכָל קְרָבַי אֶת שֵׁם קָדְשׁוֹ.

הָאֵל בְּתַעֲצֻמוֹת עֻזֶּךָ, הַגָּדוֹל בִּכְבוֹד שְׁמֶךָ, הַגִּבּוֹר לָנֶצַח וְהַנּוֹרָא בְּנוֹרְאוֹתֶיךָ, הַמֶּלֶךְ הַיּוֹשֵׁב עַל כִּסֵּא רָם וְנִשָּׂא.

שׁוֹכֵן עַד מָרוֹם וְקָדוֹשׁ שְׁמוֹ. וְכָתוּב:

רַנְּנוּ צַדִּיקִים בַּייָ, לַיְשָׁרִים נָאוָה תְהִלָּה.

בְּפִי יְשָׁרִים תִּתְהַלָּל וּבְדִבְרֵי צַדִּיקִים תִּתְבָּרַךְ

וּבִלְשׁוֹן חֲסִידִים תִּתְרוֹמָם וּבְקֶרֶב קְדוֹשִׁים תִּתְקַדָּשׁ

וּבְמַקְהֲלוֹת רִבְבוֹת עַמְּךָ בֵּית יִשְׂרָאֵל בְּרִנָּה יִתְפָּאַר שִׁמְךָ, מַלְכֵּנוּ, בְּכָל דּוֹר וָדוֹר. שֶׁכֵּן חוֹבַת כָּל הַיְצוּרִים, לְפָנֶיךָ יְיָ אֱלֹהֵינוּ וֵאלֹהֵי אֲבוֹתֵינוּ לְהוֹדוֹת, לְהַלֵּל, לְשַׁבֵּחַ, לְפָאֵר, לְרוֹמֵם, לְהַדֵּר, לְבָרֵךְ, לְעַלֵּה וּלְקַלֵּס עַל כָּל דִּבְרֵי שִׁירוֹת וְתִשְׁבְּחוֹת דָּוִד בֶּן יִשַׁי עַבְדְּךָ, מְשִׁיחֶךָ.

**יִשְׁתַּבַּח שִׁמְךָ לָעַד מַלְכֵּנוּ**, הָאֵל הַמֶּלֶךְ הַגָּדוֹל וְהַקָּדוֹשׁ בַּשָּׁמַיִם וּבָאָרֶץ, כִּי לְךָ נָאֶה, יְיָ אֱלֹהֵינוּ וֵאלֹהֵי אֲבוֹתֵינוּ, שִׁיר וּשְׁבָחָה, הַלֵּל וְזִמְרָה, עֹז וּמֶמְשָׁלָה, נֶצַח, גְּדֻלָּה וּגְבוּרָה, תְּהִלָּה וְתִפְאֶרֶת, קְדֻשָּׁה וּמַלְכוּת, בְּרָכוֹת וְהוֹדָאוֹת מֵעַתָּה וְעַד עוֹלָם. בָּרוּךְ אַתָּה יְיָ, אֵל מֶלֶךְ גָּדוֹל בַּתִּשְׁבָּחוֹת, אֵל הַהוֹדָאוֹת, אֲדוֹן הַנִּפְלָאוֹת, הַבּוֹחֵר בְּשִׁירֵי זִמְרָה, מֶלֶךְ אֵל חֵי הָעוֹלָמִים.

הִנְנִי מוּכָן וּמְזֻמָּן לְקַיֵּם מִצְוַת כּוֹס רְבִיעִי שֶׁהוּא כְּנֶגֶד בְּשׂוֹרַת הַיְשׁוּעָה, שֶׁאָמַר הַקָּדוֹשׁ בָּרוּךְ הוּא לְיִשְׂרָאֵל "וְלָקַחְתִּי אֶתְכֶם לִי לְעָם וְהָיִיתִי לָכֶם לֵאלֹהִים".

**בָּרוּךְ אַתָּה יְיָ אֱלֹהֵינוּ מֶלֶךְ הָעוֹלָם בּוֹרֵא פְּרִי הַגָּפֶן.**

***וְשׁוֹתֶה בְּהַסִּבַּת שְׂמֹאל***

**בָּרוּךְ אַתָּה** יְיָ אֱלֹהֵינוּ מֶלֶךְ הָעוֹלָם, עַל הַגֶּפֶן וְעַל פְּרִי הַגֶּפֶן, וְעַל תְּנוּבַת הַשָּׂדֶה, וְעַל אֶרֶץ חֶמְדָּה טוֹבָה וּרְחָבָה שֶׁרָצִיתָ וְהִנְחַלְתָּ לַאֲבוֹתֵינוּ לֶאֱכֹל מִפִּרְיָהּ וְלִשְׂבֹּעַ מִטּוּבָהּ. רַחֵם נָא יְיָ אֱלֹהֵינוּ עַל יִשְׂרָאֵל עַמֶּךָ וְעַל יְרוּשָׁלַיִם עִירֶךָ וְעַל צִיּוֹן מִשְׁכַּן כְּבוֹדֶךָ וְעַל מִזְבְּחֶךָ וְעַל הֵיכָלֶךָ, וּבְנֵה יְרוּשָׁלַיִם עִיר הַקֹּדֶשׁ בִּמְהֵרָה בְיָמֵינוּ, וְהַעֲלֵנוּ לְתוֹכָהּ וְשַׂמְּחֵנוּ בְּבִנְיָנָהּ וְנֹאכַל מִפִּרְיָהּ וְנִשְׂבַּע מִטּוּבָהּ וּנְבָרֶכְךָ עָלֶיהָ בִּקְדֻשָּׁה וּבְטָהֳרָה.

(***בְּשַׁבָּת: וּרְצֵה וְהַחֲלִיצֵנוּ בְּיוֹם הַשַּׁבָּת הַזֶּה***) וְשַׂמְּחֵנוּ בְּיוֹם חַג הַמַּצּוֹת הַזֶּה. כִּי אַתָּה יְיָ טוֹב וּמֵטִיב לַכֹּל, וְנוֹדֶה לְּךָ עַל הָאָרֶץ וְעַל פְּרִי הַגָּפֶן. בָּרוּךְ אַתָּה יְיָ, עַל הָאָרֶץ וְעַל פְּרִי הַגָּפֶן. (**עַל יַיִן וּמִיץ עֲנָבִים מִתּוֹצֶרֶת הָאָרֶץ מְסַיְּמִים:** כִּי אַתָּה יְיָ טוֹב וּמֵטִיב לַכֹּל וְנוֹדֶה לְּךָ עַל הָאָרֶץ וְעַל פְּרִי גַפְנָהּ. בָּרוּךְ אַתָּה יְיָ, עַל הָאָרֶץ וְעַל פְּרִי גַפְנָהּ).

# נִרְצָה

חֲסַל סִדּוּר פֶּסַח כְּהִלְכָתוֹ,

כְּכָל מִשְׁפָּטוֹ וְחֻקָּתוֹ.

כַּאֲשֶׁר זָכִינוּ לְסַדֵּר אוֹתוֹ,

כֵּן נִזְכֶּה לַעֲשׂוֹתוֹ.

זָךְ שׁוֹכֵן מְעוֹנָה,

קוֹמֵם קְהַל עֲדַת מִי מָנָה.

בְּקָרוֹב נַהֵל נִטְעֵי כַנָּה

פְּדוּיִם לְצִיּוֹן בְּרִנָּה.

# לְשָׁנָה הַבָּאָה בִּירוּשָׁלָיִם